El hombre del teléfono

El hombre del teléfono

Margarita Rosa de Francisco

Lumen

Título: *El hombre del teléfono*
Primera edición: noviembre, 2016
Primera reimpresión: diciembre, 2016
Segunda reimpresión: marzo, 2017

© 2016, Margarita Rosa de Francisco
© 2016, de la presente edición en castellano para todo el mundo:
Penguin Random House Grupo Editorial, S.A.S
Cra. 5A # 34A-09, Bogotá (Colombia)
PBX (57-1) 7430700
www.megustaleer.com.co

Impreso en Colombia - *Printed in Colombia*

ISBN: 978-958-8639-95-6

Compuesto en caracteres Garamond
Impreso en Nomos Impresores, S. A.

Penguin
Random House
Grupo Editorial

Para mis maestros Florentina Londoño y Juan Carlos Corazza.

… Tres bolsas de churros, dos barras de chocolate, una ensaimada, dos croissants, un paquete de barras biManán, arroz con setas empapado en aceite de oliva, una paleta de helado de vainilla cubierta de chocolate, dos bolsitas de galletas con relleno de caramelo, una chuspa de papas fritas tamaño familiar, una lata de nueces mixtas. Son las 12:04 de la medianoche aquí en Madrid y me veo tirada en el piso de mi apartaestudio, abierta en cruz y con la entraña revuelta.

No fui capaz de ir a clase hoy. Preferí darle rienda suelta a este ataque masivo de bulimia, aunque definitivamente vomitar no es lo mío. He tratado, pero cuando tengo incluso dos dedos tocando la campanilla, justo en el filo de la garganta, me arrepiento, un instante antes de que se abran las compuertas que podrían dar paso a la avalancha desenfrenada de todas mis culpas.

Todos los días en el bus del Colegio V, de Cali, donde cursé mi primaria, un niño se vomitaba, y por esos tiempos un desasosiego irracional ya buscaba su nombre entre mis torturas.

Los niños como él me parecían valientes al ser capaces de dejarse ir a toda tripa, sacando la cabeza por la ventana para luego quedarse tan tranquilos.

Era un momento oscuro que, debido a mi léxico tan recién estrenado, no podía describir; me sentía morir de espanto en uno de los asientos de la parte trasera, sin saber por qué, con un miedo de que un loco me estuviera inventando en ese segundo, como si hubiera una mente más grande y perversa pensándonos a todos de una forma incoherente y fortuita, apostando nuestras pequeñas vidas en una ruleta sideral.

No conseguía encontrar un interlocutor para echarle semejante cuento; lo único que mi razonamiento infantil buenamente podía hacer para metabolizar aquel pánico en estado puro era asociarlo con las mismas ganas de vomitar de mis compañeros de ruta, pero no concebía protagonizar yo también el cotidiano espectáculo, pues, en mi caso, temía que hacerlo me matara.

Nunca lo he logrado. Sin embargo esta noche parece ser lo único que me salvaría de una congestión. Madrid me resulta insolente y despiadada. Llegué a esta ciudad hace un año, después de nueve meses de rodar en varios países una serie franco-española sobre narcotraficantes en la que interpreto a la hija del capo. Me enredé con uno de los actores españoles; posiblemente me aferré a esa opción para aliviar el dolor de mi reciente separación matrimonial. Esta noche siento un doble vacío, ninguno de los dos hombres quiere saber nada de mí. He subido unos cuatro kilos desde que salí de Colombia, ni siquiera mis trotadas diarias lo han impedido, y hoy, a mis veinticinco años, me siento gorda y sola.

Esta mañana preparé una olla de arroz con setas para el amante, pero sólo pasó unos minutos a decirme que no podíamos almorzar juntos, que se iba a rodar una película no me acuerdo dónde y que, después de mucho reflexionar, había decidido darle una segunda oportunidad a su matrimonio de siete años. Apenas cerré la puerta me mandé toda esa bendita olla y no pude parar de comer hasta ahora.

Soy un nudo de remordimiento, me culpo por no haber ido a clase hoy. Curiosamente fue la esposa del amante, también actriz, la que me recomendó que tomara un seminario para actores profesionales con mi actual maestro. Ella misma me llamó por teléfono al hotel donde todavía me hospedaba mientras filmábamos las últimas escenas de la serie, aquí en Madrid. Yo llevaba tres días espantosos sin saber de él, encerrada en el cuarto, arropada con una bata de toalla, dando vueltas como un animal agonizante, con las greñas revolcadas, el corazón quemado y los ojos vidriosos clavados en el teléfono. Habíamos aterrizado por fin en Madrid hacía una semana y sólo me quedaba una escena para terminar mi contrato. El productor me pidió que decidiera pronto si quería quedarme o devolverme a mi país. Un timbrazo del teléfono me sacó de mi autismo; pensé que era él. La voz grave de su esposa se identificó muy amablemente mientras yo hacía lo que podía para no tragarme el corazón, que tenía como una papa en la boca. Por fin logré fingir un tono casual. Quise ofrecerle mi cuello para que me degollara de una vez, pero no me confrontó; me bastó una sola frase suya para darme cuenta de que era una mujer muy interesante y luego una segunda para encontrarla divertida y arrolladora. La conocía en fotos y a través de las imprecisas palabras de su marido infiel, quien siempre hablaba de ella como «la patrona».

«Guapa, sería ideal que te quedaras unos días más. Quería informarte sobre un curso de actuación que va a dictar un profesor argentino».

Esta mujer no tenía idea de que en ese momento me estaba salvando la vida, pues no quería devolverme a Colombia por ningún motivo; había odiado mi papel por haber trabajado sin herramientas técnicas, pegada de un supuesto talento que no sabía cómo implementar. La esposa del amante me estaba invitando a lo que para mí hoy es el camino hacia mi verdadera formación como actriz, al menos la clase de actriz que quiero llegar a ser. Ella también asistiría al seminario, que duraría sólo diez días y en el que aún quedaba un cupo vacante; no sé por qué pensó en mí, pero no quise darle muchas vueltas a eso.

Cuando conocí a nuestro maestro y presencié el primer ejercicio que planteó, supe que me quedaría en esa escuela hasta terminar mi preparación. Muchos de esos ejercicios consistían en un trabajo individual que él realizaba con un alumno en frente de todos los demás, orientado al conocimiento exhaustivo de nuestras propias emociones y sensaciones para convertirlas en una paleta de colores personal, y con base en ella colorear y llenar a cada personaje de verdadera sustancia humana. Un par de veces le tocó el turno a la esposa del amante, y pude ver en ella la misma pureza e indefensión que el maestro descubría con sabia habilidad en todos sus alumnos. Me pareció mentira estar sentada en la última fila, invisible, saboreando la libertad de observar cada centímetro de la mujer del hombre que desde hacía nueve meses me llevaba girando en una espiral de placer y amargura. Tendrá unos cinco años más que yo, esbelta y cómoda en su piel bruñida y morena, de movimientos elegantes, graciosa, astuta y con un diablo escondido entre los ojos café oscuro. Sentada en mi silla y privilegiada por la penumbra del fondo del aula de clase, me comparaba con ella y ardía de celos comprobando que el amante jamás la dejaría por mí. Sin embargo, él, irresistible y seductor, había conseguido jugar un rato más conmigo, como lo hace un gato con un ratón moribundo que, al saber que la tiene perdida, se abandona a su destino fatal.

Hoy tuvo a bien venir personalmente para propinarme con mucha hombría la puñalada final, vestido con una gabardina de viaje, sombrero y esa boca como un pañuelo húmedo, con las comisuras hacia arriba, esa boca que se sonríe sola aunque él no esté sonriendo. Quiso parecer triste, pero esos labios tan suyos no lo dejaron; con esos mismos me dio el beso más amargo que me han dado en mi vida y se fue.

Me había ganado el papel en franca lid.

El director español, un señor mayor de 1,50 m de estatura, con larga trayectoria en cine y televisión, llegó a Colombia con su asistente y un productor en busca de actores colombianos que surtieran las características de sus personajes del capo de la droga y su familia. Me contactaron a través de la compañía que cuatro años atrás me había contratado para hacer mi primera telenovela, que protagonicé al lado del que luego sería mi esposo.

Cuando llegué a la prueba, me invadió una seguridad en mí misma bastante inusual. Tenía la certeza de que iba a obtener el rol. El proceso de selección se realizó en un estudio amplio de paredes blancas, en presencia del operador de cámara, el director y sus dos acompañantes, que actuaban como lacayos serviles atendiendo las exigencias de su jefe, proferidas a gritos y con ademanes de dictador. Esto no me intimidó en ese momento, pues la prudencia no era precisamente una cualidad de este hombre pequeño y frenético que, cuando me vio, no ahorró voz para exclamar que había descubierto América. Lo curioso fue que no tuve que leer nada ni interpretar ningún diálogo; pareció bastarle con la cara que veía en la pantalla del monitor.

A las pocas semanas ya estaba con mis maletas empacadas rumbo a París, donde se empezaría a filmar la segunda parte de la saga de esa serie en la que intervendrían actores españoles, franceses y alemanes de reconocido calibre, y que continuaría su periplo por tres ciudades de Alemania, las Antillas, Venezuela y finalmente, Madrid. Este panorama me resultaba fascinante. ¡Sería mi oportunidad de empezar una carrera internacional! Eso lo ansiaba más que luchar por mi matrimonio. Además, ¡París! Qué privilegio, qué suerte haber sido elegida para trabajar en la ciudad más aristocrática del mundo en lo que para mí era casi un juego, no muy serio, por cierto.

Me hospedaron en un adorable hotel boutique, a pocas cuadras del Arco del Triunfo. Desde mi ventana podía ver un pedazo de los Campos Elíseos; no era un sueño, ¡no cabía duda de que estaba ahí! Durante los primeros días se llevaron a cabo pruebas de maquillaje y de un vestuario que resultó tan magnífico como la ciudad misma; abrigos y chaquetas de paño muy fino, de corte impecable; los vestidos, blusas, faldas, botas, zapatos, guantes y demás accesorios eran exquisitas prendas firmadas por los mejores diseñadores del mundo. Cada vez que salía con una vestimenta para ser aprobada por el director, éste saltaba como un muñequito de cuerda, emocionado, y ordenaba distintos peinados y combinaciones. Era tal mi encantamiento con el aire glamoroso de este ambiente que, como un anestésico, dormía el dolor del que debía, por salud emocional, hacerme cargo. Había llegado el fin de mi matrimonio con el cantante, uno de esos seres que vienen a este mundo a brillar desde que nacen. Enamorados perdidamente en un set de televisión, reproducíamos en nuestra vida real un cuento de hadas ante los ojos del público. El sueño había terminado y ansiaba con todas mis fuerzas montarme en un barco que me llevara lejos, a un lugar donde pudiera rehacerme, pero sobre todo, distraer el duelo obligatorio. La escapada se produjo en la forma más oportuna y me encontraba navegando en aguas desconocidas, tanteando el aire nuevo que prometía también nuevos confines. El rodaje comenzaría en pocos días y conocería a los demás actores en su transcurso.

La primera escena tuvo lugar en la entrada del tradicional hotel Royal Monçeau, en la avenue Hoche, un edificio construido en 1928, famoso por haber sido el punto de encuentro de legendarios artistas y celebridades. La fachada era la de un palacio soberbio y lo suficientemente intimidante como para irme doblando las piernas a medida que avanzaba hacia la puerta, y todavía más, a medida que iba reparando en el derroche técnico del montaje que había en el área, con trípodes de luces, pantallas, rieles y una grúa que, como una amenazante criatura mesozoica, movía el cuello con lentitud mientras sostenía en la cabeza una cámara de cine de 35 mm. ¡La serie se rodaría en formato cinematográfico! Yo estaba acostumbrada a los mamotretos de video con que se graban las telenovelas que le dan a la imagen esa calidad muerta, como de plástico, de modo que esa cámara de cine me acercaba más a la fantasía de ser una luminaria del celuloide.

El equipo de producción funcionaba como una máquina muy bien aceitada, cada miembro daba la impresión de saber exactamente lo que debía hacer y la zona de trabajo era un hormiguero de personas que hablaban en francés y en español. En una de las habitaciones se había dispuesto el departamento de maquillaje. Con mis crespos alisados a punta de cepillo y secador me condujeron al salón donde, en un clóset, colgaba un vestido negro de mangas largas y cuello alto; era una sola pieza, en tejido de punto de lana, que la costurera francesa encargada había ajustado para ceñirme al cuerpo y sobre el cual debía llevar un poderoso abrigo blanco de cachemir. A medida que se cumplían los pasos del proceso aumentaban los nervios, y en vez de sentirme como la soñada luminaria del celuloide me iba invadiendo una zozobra incontrolable, como la que puede sentir el remero de una pequeña barca al ver las olas del mar cada vez más grandes, sabiendo, en el fondo de sí mismo, que su barca va a naufragar y va a morir ahogado.

Ya estoy lista. Tiemblo como una gota de agua a punto de romperse; me sudan las manos como si estuviera suspendida sobre el borde de un precipicio, nadie me ha explicado aún lo que tengo que hacer. Repaso mis líneas. Son pocas, afortunadamente. No conozco todavía al actor famoso con quien debo hacer la escena, parece que su ocupada agenda no le permitió llegar antes. Yo ya estoy en el lobby de este palacio versallesco donde las paredes son monumentos sonantes que honran los tiempos imperiales de la Francia más esplendorosa. Nos acabamos de enterar de que Madonna, sí, la de *Material Girl*, está rodando en uno de los pisos un video para su álbum *Erotica*. Estoy en el mismo lugar donde una de las mujeres más deseadas del mundo se está moviendo y contorsionando en este mismo instante, a pocos metros, dueña y señora de todo lo que toca. No sé por qué esto me aplasta, en vez de emocionarme de mejor manera.

«Hola, colombiana», me saluda por la espalda una voz con suave textura de tabaco.

El actor famoso se presentó, al tiempo que se disculpaba por no haber podido llegar con suficiente anterioridad. Ya había filmado la primera temporada de la serie con el mismo director y lo conocía bastante bien, de modo que la conversación inicial se movió ágilmente sobre anécdotas graciosas alrededor de la personalidad explosiva y el estilo cómico-terrorista del minúsculo comandante.

«Él está encantado contigo», me estaba diciendo el hombre de ojos negros, cuando el asistente de dirección nos llamó a escena.

Avanzamos hasta la entrada. La secuencia ocurriría afuera, donde aguardaban, como soldados en formación, trípodes, reflectores, rieles y el animal mesozoico con las fauces abiertas, listas para devorar la primera imagen que se capturaría esa mañana gris perla y fría como una lápida. Apenas salimos se acercó el director, aquel hombrecillo de abundante pelo blanco, empacado en una chaqueta inflada como un globo, y nos saludó con su voz atiplada, tan exaltada que su saludo nos pareció más un regaño. Después de presentarnos por segunda vez, nos indicó los movimientos y las intenciones de los personajes, reproduciéndolas él mismo de una forma tan chistosa, que nos obligaba a reorganizarnos mentalmente para lograr convertirlas en el drama que debían contar. Luego me llevó aparte, me sujetó los brazos con sus manitos arrugadas como las de un bebé y me sacudió con fuerza, como convenciéndome de algo de lo cual dependía mi vida.

«Acuérdate de que eres la hija del capo, ¿eh? Eres una tía de mundo que se siente la reina del universo, acostumbrada a hacer lo que se le viene en gana y a que le obedezcan. ¿Eeeeh? ¿Eeeeh? ¿Me habéis comprendido o necesitáis que os lo repita?».

Su tono inquisitivo y desesperado infundió en mí un horror a defraudarlo. De alguna manera, logró convencerme de que mi vida dependía de su aprobación. Enseguida ensayamos lo que nos marcó, no parecía muy complicado.

Debía salir airada por la puerta giratoria, avanzar hasta mi flamante Jaguar azul oscuro estacionado justo al frente (que nunca había manejado), y en el instante en que iba a montarme al automóvil, el actor famoso debía acercarse en su personaje de detective que había venido persiguiéndome y obligarme a que lo escuchara mientras me dirigía unas palabras vehementes, hasta que yo, la mujer de mundo, la hija del capo colombiano de la droga, me rendía ante sus contundentes argumentos y luego, después de dudarlo un poco, nos dábamos un beso apasionado. Terminado el beso, yo abordaba mi nave, cerraba la puerta con mucha decisión, y el hombre quedaba solo, de pie, mirando cómo yo, acelerando las revoluciones del motor del Jaguar, huía, «mundial y veloz», calle arriba. Eso era todo.

Primera toma: salgo por la puerta giratoria, pero tal vez pongo demasiada energía y me tropiezo con mi propia pisada, o sea, con nada. «¡Corten!», grita el dictador desde su asiento plegable y me hace una seña con la mano para que vuelva a la primera posición. No sé, presiento lo peor. Me altera que todas esas personas allá afuera estén esperando a que algo grandioso aparezca por la puerta giratoria, pero me temo que sólo esperan que la actriz haga bien su trabajo; casi pierdo el equilibrio sobre los tacones, como si nunca los hubiera usado y me hubieran sacado descalza directamente de la jungla. Segunda toma: consigo atravesar ilesa la puerta giratoria; ahora falta la parte del detective, mi supuesto amante, a quien debo besar apasionadamente. Acabo de conocer al actor famoso; es bastante atractivo, eso sí. Pero tengo miedo de que no me tome en serio, me siento hueca, no sé cómo convencer a esta gente de que soy una «mujer de mundo», que soy una mujer que pisa fuerte. El *valet*, un jovencito color rosado pálido, me abre la puerta del Jaguar y yo ni siquiera pienso en mis líneas, sino en el beso que debo dar por contrato y venido de ninguna parte. El detective se acerca con su paso acelerado pero completamente relajado; tiene cancha y kilometraje de sobra. El actor famoso lleva no sé cuántas películas encima y yo me avergüenzo porque sólo he hecho telenovelas. Lo miro aterrorizada, tengo que contestarle con mi primer diálogo en este rodaje. Tengo la mandíbula como pegada con cemento y un frío que jamás había sentido terminó por adormecerme los labios. «¡Corten!». Esa palabra y su sonido filoso cortan la escena, mi cabeza y mis esperanzas de salir viva de aquí. Es apenas la segunda toma, tranquila, no, pero no, es como si ya viera en qué tragedia puede terminar mi fantasía. El dictadorzuelo viene para acá, con su áspero acento castellano. «Estás nerviosa, ¿eh? Pues se te nota, hija mía, no se te ha entendido nada. Vocaliza y acuérdate de que eres tú la que manda, no veas con qué cara de horror le has mirao a éste (dándole un codazo al detective-actor famoso), que para ti debe ser poco menos que una cucaracha». Tercera toma: hago ejercicios con la cara, abro y cierro la boca, me masajeo las mejillas, el asistente me ha ofrecido un té. «¡Corre cámara!» (se me hiela la médula de los huesos). «¡Acción!». Como si tuviera que enfrentarme sola a la legión de infantería francesa avanzo sobre mis tacones vacilantes, abro la puerta giratoria y, nuevamente atrapada en el aliento helado de la mañana mortífera, espero a que el niño rosado me abra la puerta. Llega el detective, me habla, le contesto como puedo, vuelve y me habla, vuelvo y le contesto como puedo, me mira, yo lo miro, silencio, silencio, ya viene el beso, el primero del rodaje. Sostengo en mi mano derecha una cartera de cuero negro. Por reflejo le agarro la cara con ambas manos para besarlo, pero, oh, dios, la cartera, le estampo la cartera sobre la mejilla, me doy cuenta de que ese movimiento no le sirve a la escena, el señor chiquito ya va a gritar «¡corteeeen!». Allá viene agitando sus manitos enguantadas y con la chaqueta más inflada que nunca. «Pero niña de mi vida, ¿cómo es que le pones un pedazo de cartera en los morros? ¡Lo has tapao completamente! ¡Quiero ver cómo os besáis! ¿O es que en Colombia os agarráis a carterazos antes de joder? ¡Me cago en Dios!». Yo pido disculpas, aturdida por una sarta de blasfemias que no he escuchado en toda mi vida; mi compañero de escena es amable, me anima guiñándome un ojo compasivo. «Ya verás que después de que hagamos esta escena, entrarás en calor», me dice con su cálida voz de tabaco. Me agarra las dos manos y me las masajea vigorosamente con camaradería. Cuarta toma: aprendí a manejar a los quince años, sé operar un carro con caja de cambios. Cuando se supone que debo salir «mundial y veloz», no entra la primera. Fuerzo la palanca pero no encaja en su sitio, se devuelve a neutro. «¡Corten!». Viene el asistente de dirección y se sienta en el puesto del copiloto. Repasamos juntos el curso de la palanca. No hay que moverla con tanta fuerza, esto no es un Renault 4. Quinta toma: puerta giratoria, diálogo, beso, me siento en el carro, cierro la puerta, enciendo el motor, agarro la palanca, pongo primera, suavecito, por favor, en mi afán por salir volada saco el *clutch* demasiado rápido. El Jaguar se apaga unos metros más adelante, corcoveando como un burro. El director viene corriendo convertido en un gnomo flotante con su chaqueta, gorro y guantes hinchados. «¿Me has mentido, hija? ¿No que sabes conducir? ¡Por la santa Virgen puta, no nos podemos quedar en esto toda la mañana!». Yo trato de defenderme argumentando que no conozco el vehículo, que de pronto he debido ensayarlo antes. Como todo dictador que se respete, este sólo se oye a sí mismo y a los gritos, que adoba con más groserías irrepetibles, me asegura que todos los autos son iguales y que no se ha podido hacer la escena completa por errores míos. Yo estoy a punto de echarme a llorar. Sexta toma: se me cae la cartera al suelo después de salir por la puerta giratoria. Séptima toma: me equivoco en el diálogo. Octava toma: mancho el abrigo con el té que estaba bebiendo; la vestuarista ha tenido que venir a limpiarlo y debemos esperar a que se seque para retomar. Novena toma: queda. Pero sólo el plano general. El dictador está que se lo lleva el diablo, no se siente satisfecho y ahora, manoteando enérgicamente, habla con el actor famoso. Me encuentro lejos de ellos, no alcanzo a percibir sino los puntos más agudos de su vocecita aflautada, relieves afilados de palabras y más palabras misóginas y soeces.

Lo que siguió después no fue menos decepcionante para él. La cámara se había acercado y ahora era necesario que los ojos transmitieran las intenciones de los personajes. Venían los temidos primerísimos primeros planos. No conseguí lo que me pidió en ninguna de las tomas. «La mujer de mundo» se resistía, y en cambio se me asomaba en la cara esa opacidad que proyectan la cobardía y la derrota, a pesar de mis heroicos esfuerzos por disimularla. Después del tropezón con mi propio zapato en la primera captura del plano general, pareció que me hubiera caído en un charco de inseguridad del que no lograba salir. Terminé de rodar a las cuatro de la tarde, frustrada e impotente. Antes de montarme a la camioneta que me llevaría de regreso al hotel, vino el segundo asistente de dirección a comunicarme que el director necesitaba hablar conmigo urgentemente, esa misma noche. Él y su productor me visitarían a las nueve.

«Has estao fatal; qué quieres que te diga, no has dao pie con bola. Estoy, de verdad, acojonao; vamos, pues menuda pasta he apostao por ti, menuda confianza, ¡me cago en la leche! Las escenas han quedao porque no he tenido más remedio que conformarme, vamos. No sé qué es lo que te ha pasao, pero me han cambiao a la chica que vi en las pruebas. Te digo esto, hija: en dos días tienes una escena muy importante; si esto es todo lo que me puedes dar, voy a tener que enviarte de regreso a América». No le tomó más de quince minutos dejarme claro que mi contrato podía terminarse en cuestión de horas. Yo no pude replicarle. No había nada que añadir, tenía razón en todo. Me limité a asentir con la cabeza y a desear en silencio que terminara pronto su diatriba y se fuera. Así ocurrió. No perdió tiempo en psicologías ni en indagar sobre mi convulso estado emocional. Quería resultados y punto.

Subí a mi habitación y me hice pedazos, desconsolada. Frente a mi ventana, la encantadora París se diluía entre el hielo nocturno y mis lágrimas. Como a las diez sonó el teléfono. «Colombiana, ya imagino cómo te ha puesto nuestro amiguito. Voy a salir a cenar con J, es también actor y persona de confianza; ¿nos acompañas?». Aunque tenía los ojos como dos riñones, preferí aceptar la invitación del actor famoso antes de ir al puente Alejandro III y lanzarme al Sena con dos pesas en los tobillos.

Nos tomamos tres botellas de vino en un acogedor restaurante italiano cerca del hotel. El actor famoso derrochó encanto y un picante sentido del humor. Su compañero, un hombre gris, cincuentón, de ojos aguados y saltones, había conseguido un pequeño papel en la serie. Su mirada triste y bondadosa se había desgarrado todavía más bajo el efecto de un vino tinto muy bien escogido, que bebía a tragos robustos y frecuentes. Derretido, le hacía un coro servil a todo lo que decía su amigo, a quien admiraba y conocía de mucho tiempo atrás. Entre los dos se empeñaron en hacerme olvidar mi horrible debut, contando anécdotas y burlándose de las extravagancias de nuestro director diminuto. Yo aproveché para desahogarme con ellos, riéndome de mí misma y alegrándome de poder transformar mi sufrimiento en una comedia. El actor famoso me aseguró que al director le gustaba alardear de su autoridad frente a las actrices y que a todas les pasaba lo mismo. Aunque no le creí del todo, me sirvió para darle menos importancia a tan desgraciado día, y disfrutar de aquella noche, que resultó mágica y peligrosa. El actor famoso, magro y mediterráneo, se reía mucho y humedecía cada tanto sus labios de pañuelo. Me fijé en sus manos, algo delicadas, y en los vellos suaves asomándose bajo los puños de su camisa blanca. También me dejé mirar un poco más largo, y con esa mezcla imposible, entre triste y venenosa. No se me ocurrió pensar que mi desvalimiento podía hacer más fácil la conquista de lo que tarde o temprano busca el experimentado cazador cuando hay una flor de oportunidad para mandarse una buena presa.

«Ánimo, guapa, ya verás que no volverás a tu país y terminarás pasándola de maravilla». Eso me dijo cuando nos despedimos en la puerta del hotel boutique con un abrazo ajustado y un corto y casual beso en la boca que, aunque sorpresivo, yo tomé como consecuencia natural de todos los que nos habíamos dado por la mañana delante de la cámara. Era evidente que nuestros labios se habían gustado primero que nosotros.

A los dos días llegué mejor preparada al set de rodaje, con los nervios más templados, pero con los mismos pocos recursos como actriz; sin embargo, me salvaron las ganas y creo que los rezos de mi mamá, porque ese día en particular el tema de la escena me favoreció. El dictador volvió a saltar como muñequito de cuerda y al final del día me pellizcó los cachetes con su alegría infantil y rabiosa, escupiendo palabrotas de puro gozo.

Así llegó el amante.

Acabo de hacerle una llamada absurda a la primera de varios psicoa-
nalistas que tuve. Ya perdí la cuenta de la cantidad de divanes en los
que me he acostado a hablar de lo mismo.

Mi mamá, desesperada, me llevó a donde la psicoanalista cuando yo tenía unos nueve años, en vista de que había resuelto no volver al colegio porque no resistía ver a un niño más vomitándose.

No podía soportar más no tener palabras para nombrar ese dragón que me devoraba por las mañanas mientras iba en el bus del Colegio V.

Aquella mujer de faldas largas se ocupó amorosamente de mis lapsus y sueños durante casi una década y fue la primera en enseñarme que aquella náusea matutina se llamaba simplemente «angustia».

A partir de ahí empecé a hacer migas con un vocabulario muy sofisticado, que fue volviéndose cada vez más específico y, al mismo tiempo, más crudo. Eso provocó en mí el alboroto de un avispero que todavía no termina de disiparse. Desde aquella crisis precoz hasta ahora, mi mente es una yegua temperamental y maldita, que solamente se apacigua cuando está exhausta de sus desbocadas.

Aunque dejé de ver a mi primera psicoanalista por mucho tiempo, ninguno de los otros me inspira más confianza en este minuto mal cosido con hebras tan primitivas. Hoy tuve suerte porque conserva el mismo número de siempre. Me he sentido extraña contándole en una forma tan superficial el episodio con mi amante, pero una profesional como ella sabe que puede tratarse de un nudo-relieve en la delicada urdimbre inconsciente que ella conoció tan de cerca. Me habló con la precisión de quien desactiva una bomba atómica, utilizando el menor número de palabras posible, con el tacto y la ternura necesarios para dirigirse a alguien que está a punto de matarse. Una ráfaga de lucidez me tiene aquí, mirando al techo y pasando revista de todo mi comportamiento desde que empecé a ser mujer para los hombres.

Me estoy bañando en la piscina de la casa de mi tía paterna, en compañía de mi hermano y otro niño. El agua agitada centellea al ritmo de nuestros chapuzones y zambullidas, mientras el sol ruge con la melena encendida a estas dos de la tarde. El conductor del carro de mi papá es un joven pelirrojo que nos ha traído y se ha recostado en la baranda para cuidarnos. Mi hermano y su amigo están entretenidos en un juego de luchas y gritos, se han olvidado del mundo. Yo me encuentro en un extremo de la piscina imaginando que soy una princesa que vuela dentro del agua y cada tanto me detengo para cambiar mi peinado, creando diferentes formas con mi pelo que, emparamado, parece una maraña de barbas marinas. Yo también me he olvidado del mundo, estoy volando en el agua y canto en un idioma inventado. De repente, miro hacia la baranda; el joven pelirrojo sigue recostado, sudando a mares los fuetazos del sol debajo de una camisa de poliéster apretada contra su torso delgado; está fumándose un cigarrillo, se pasa una mano por el pelo engominado y entre las bocanadas se asoma su mirada aceitosa, prima hermana de la melancolía. Me llama la atención ver su camisa desabotonada y una postura algo desfachatada, casi arrogante. Ese muchacho me está mirando desde hace rato, por eso me he salido del juego, la princesa ha sido alcanzada por un rayo. Disimulo, sigo bailando atravesada por dos espadas de fuego, miro y me miran. Me han vencido los ojos del joven y ahora estoy encerrada en una zona enrarecida y sensual que me produce una curiosidad sin límites. Transpira mucho, se reacomoda, se está acercando al borde de la piscina, camina con las ancas relajadas, se acuclilla y me llama haciendo una seña con el dedo. Nado hacia él, invadida de una sensación desconocida, indefinible, pero misteriosa y provocadora; nunca le había visto la cara tan de cerca, su piel brillosa está salpicada de pecas; colgado al cuello tiene un crucifijo, péndulo que marca con hierro este minuto inmóvil. El hombre en la orilla está sentado sobre los talones, con las piernas abiertas y emanando lo que me pareció era el olor orgánico y verdadero de los hombres. Me pregunta si quiero aprender a manejar. Le digo que sí. Me dice que me vista. Salgo de la piscina corriendo y le aviso a mi hermano que voy a clases de manejar. Mi vestido blanco de algodón tiene canesú y mangas cortas zurcidas, ribeteadas de boleros. Ya estoy sentada en el asiento del copiloto de nuestro Dodge 1500, mirando pasar por la ventana las casas del barrio Arboleda, luego la ribera del río Cali, la avenida Sexta, La Flora, y así hasta dejar la ciudad durmiendo plácida en el sopor de la tarde, joven y rubia todavía. El conductor no pronuncia una sola palabra y yo me siento extrañamente cómplice de su silencio; mi corazón me golpea el pecho como una mariposa encerrada, no entiendo la intimidad que se ha producido entre este hombre de descaradas maneras y mis ocho años de vida. De vez en cuando miro cómo sus manos pecosas operan la palanca de cambios, la pierna izquierda pisando el pedal de embrague, la derecha el pedal del freno, combinando todos estos movimientos en una diestra maniobra simultánea, quizás violenta en su obvio exhibicionismo. No me atrevo a preguntar para dónde vamos, pero de repente él responde a mis pensamientos diciendo que iremos cerca del aeropuerto, donde las carreteras están despejadas. No me gusta que vayamos tan lejos, este sujeto se está riendo groseramente con una carcajada vulgar y desafiante. En este momento prefiero la intangible danza de la piscina, con aquellos ojos turbios mirando detrás del humo, a estos segundos burdos y concretos donde lo desconocido se va revelando poco a poco en su cara más procaz. Embocamos una carretera pavimentada que parte en dos el valle, extendido como una manta esmeralda majestuosa. Mi instructor da un viraje inesperado hacia la izquierda, tomando un camino sin curvas, más estrecho y solitario aún. En ese momento detiene el carro y me dice que ya puede empezar la lección. Me ordena sentarme sobre sus piernas y agarrar fuertemente el timón. Estoy aturdida por el calor, hecha aguas debajo del vestido que cubre los muslos de mi improvisado profesor de conducción. El carro avanza lentamente, la orden consiste en mantener la dirección recta, él hace lo demás; quiero volver a la piscina con mi hermano y su amigo, estamos tan lejos de la casa de mi tía, algo está dañado en este aire que respiro aquí adentro, no puedo hacer nada más que obedecer a la parodia del maestro con su alumna, alcanzo a sentir que estoy sentada sobre una palanca que no es la misma que he visto manipular hace algunos kilómetros. Mientras me aferro al timón como si fuera el último salvavidas después de un naufragio, me siento horriblemente desamparada y culpable por haber accedido a venir. El hombre respira detrás de mí como un caballo al galope, y todos sus poros exudan un vapor hormonal que humedece toda la cabina. Por alguna razón sé que el silencio es mi único aliado en este momento incongruente, no comprendo lo que hace; su mano derecha está debajo de mi falda agarrando con fuerza algo suyo que no puedo nombrar, un pistón vertiginoso de una máquina bestial. Un hilo de voz me alcanza para decirle que volvamos. El muchacho me responde que la clase no se ha acabado. No lloro, no grito. Quiero negar este instante como cualquier psicópata lo hace con los dolores ajenos; este momento no existe para las princesas que vuelan en el agua. Lo niego aquí y ahora. Sí. Ahora que el sol se despide envuelto en su capa arrebolada, extenuado de brillar. Lo niego abrazada por este valle tan finamente azul y desolado, mi único e insobornable testigo.

El teléfono está sonando. Qué raro; ¿quién podrá ser a medianoche? No quiero ni pararme para no sentir el estómago como un balón.

Contesto y del otro lado me saluda un hombre con un tono de voz muy sereno, me dice que me llama desde Bogotá, que no le ha sido difícil conseguir mi teléfono porque es periodista, pero que no tiene la intención de hacerme una entrevista. Quiere simplemente pedirme permiso para cambiar su apellido por el mío y decirme que ha fracasado como ateo, porque, según él, yo soy la prueba de la existencia de Dios. Curioso que nada de esto me extrañe.

He contestado a las preguntas personales que me ha hecho sin ningún filtro, como si fuera mi terapeuta. Tan necesitada me siento de ser tenida en cuenta en estas estériles dos de la mañana. ¿Tanto duró la conversación? La verdad, él habló casi todo el tiempo, y no me pareció que mintiera cuando me aseguró que no estaba borracho. ¿Quién es este señor que me ha endulzado el oído para convencerme de que soy la más bella de las bellas y que tengo mirada de domingo por la tarde? Me ha preguntado que si puede llamarme todos los días a esta misma hora. Barajó las palabras con la destreza de un prestidigitador, se ve que ha leído mucho (eso me ha acobardado bastante). Yo, en cambio, me estoy dedicando a ver programas de concurso en la televisión, a sufrir de desamor y a atarugarme de comida chatarra cuando me quedo vacía como un abismo. Sin duda mis clases de actuación son lo único que por el momento saca la cara por mi cultura, pero sobre todo, por mi locura. El hombre del teléfono es un tipo brillante y supremamente gracioso, que parece que me hubiera rescatado en el último instante de las garras de un monstruo voraz. Con él he reído a carcajadas y me ha hecho sentir apetitosa de nuevo, aunque no muy inteligente. «Claro que sí podés llamarme», le confirmé al final. Cómo no convertir aquellas palabras tan insoportablemente oportunas en vendas dulces para curar las heridas de mi ego tasajeado.

Me he levantado a oír *Doidice* de Djavan y le di *play* a un casete de José Antonio Méndez porque me puse contenta y no puedo conciliar el sueño. Acabo de grabarme en el contestador cantando a capela el bolero *Nos hemos separado* y el chachachá *Dime qué es lo que te pasa*. De pronto sentí ganas de cantar para ver si por fin me reconcilio con mi desabrida voz sin vibrato; a veces la odio por ser tan infantil y debilucha, sin embargo canto cuando mi ánimo mejora y entonces ella parece robustecerse como por hechizo. Sin duda me ha alentado la llamada reparadora de mi extraño admirador, ya no me siento la mujer más despreciada de este mundo (no puedo dejar de fantasear con el posible comienzo de una extravagante historia de amor). Esas casi dos horas de conversación han logrado distraer el impacto del reciente zapatazo en el plexo solar que produjo el desolador «cuídate mucho» dedicado por el amante antes de que la puerta se me cerrara en la cara, como una bofetada. ¡Qué llamada para haberme caído estupendamente bien!

Algo raro pasa cuando me dejo fluir en el llanto mágico. Me ocurre cuando ya no me defiendo más del sufrimiento y me tiendo, así como lo hice hoy, en el suelo o sobre la cama, sin cruzar los brazos ni las piernas, y lloro, gritando desde el diafragma, entregada al dolor con plenitud, tocando el piso de todos los órganos del bajo vientre, que es de donde se sacan las fuerzas para volver a nacer. Es un llanto que no puedo provocar voluntariamente, me ocurre igual que si empezara a llover, pero en vez de resguardarme me dejo diluviar toda por dentro, hasta que mi cuerpo escampa. Todas las veces que sucede llega una señal directamente del cielo, o la voz de algún ángel se deja oír cuando ya la tormenta ha pasado y el paisaje de mi mente es un llano quieto y plateado por la inundación. En este remanso de cansancio es cuando he recibido llamadas claves, como la que me hizo una programadora de televisión al hospicio donde me había quedado viviendo en Londres después de participar en un concurso mundial de belleza, para proponerme mi primer papel en una telenovela; o la de la esposa del amante, para ofrecerme el cupo en el curso de actuación; y ahora ésta, tan imposible e inesperada como las otras. Es increíble que estas llamadas hayan sobrevenido como eslabones perdidos en medio de la total desesperanza. El llanto mágico es insondable y aleatorio, es el clímax de todos los duelos, me hace viajar al centro de la nada misma, donde todo es potencia pura, posibilidad infinita; es en ese punto absoluto donde se suscitan los milagros. Mañana limpiaré mi apartamento, madrugaré a correr e iré a clase.

Estoy organizando todo como si fuera a recibir un huésped. Mi apartamento de 35 m² es un solo espacio que tiene cocineta, un baño y una puerta-ventana con balcón que da a la calle General Varela. Lo decoré (si es que se le puede llamar así a hacer caber cuatro muebles) con una mesa de comedor blanca de cuatro puestos, un sofá cama, el televisor y un espejo grande al lado del teléfono. Frente a ese espejo he cantado en estadios gigantes, en teatros, he actuado para los mejores directores del mundo, he hecho escenas dramáticas, cómicas, he llorado de rabia, de alegría, de tristeza, y he bailado sevillanas, salsa y disco; frente a ese espejo también me he negado a mí misma. A veces no puedo ni verme. Siempre quise ser cantante, pero la voz no me sale, me muero de terror cuando tengo que cantar en público. Por el momento sólo puedo cantarle al reflejo de mi propia imagen. Cuando amanezco con la autoestima un poco mejor, me dan ganas de entonar mis favoritas brasileñas y el público me aplaude de pie al otro lado del espejo. Esta mañana he hecho una función privada para el hombre del teléfono, a quien imagino alto (yo mido 1,74 m) y bien parecido. Mi casa está en orden, ya me puse la pinta deportiva para hacerles frente a las indolentes calles de Madrid, que en este gélido febrero parece más adusta que nunca, como una monja forrada en paño gris. Los primeros diez minutos corriendo mis excesos son espantosos y serán peores después de la orgía de azúcar y carbohidratos que me apliqué ayer. Parecerá como echar a andar una tractomula de ocho ejes. Aun así, me aplaudo esta determinación obcecada por apagar mis incendios y celebrar el seguir estando viva, aunque sienta que debo expiar todos mis pecados corriendo como una cierva durante una hora y sobrevivir una semana a punta de manzana verde y pollo hervido. Si el hombre del teléfono supiera que cada palabra bonita que me regaló anoche fue una cucharada sopera de amor propio... Estoy ansiosa esperando la siguiente dosis.

Hoy, en clase, nuestro maestro nos ordenó un ejercicio bastante curioso y revelador. Una vez efectuada la obligatoria revisión de pensamientos y emociones, sentados en nuestras sillas, con los ojos cerrados en una especie de meditación, procedimos a darles expresión a través de sonidos y movimientos corporales. Me sentí bastante caótica, gritando como si estuviera en medio de una catástrofe; me salieron palabras en idiomas extinguidos, que sólo resucitaron los dragones innominables que me visitaban de niña. Después vino el silencio, de vez en cuando interrumpido por la tenue voz del profesor, quien nos condujo con gentileza de príncipe a una zona de solaz, el lugar más quieto de nuestro océano mental, para poder dar lugar a la creación.

La voz que susurra mientras mantenemos los ojos cerrados nos propone el ejercicio: debemos elegir un aspecto físico del sexo contrario, cualquiera, el que con más rapidez surja en nuestra conciencia. La primera imagen que me llega es el cuello y el pecho masculinos. Un cuello fuerte y macizo, y un pecho generoso, ancho y sólido como una pared de mármol. Una vez visualizado el objeto con el cual trabajaremos, se nos invita a integrarlo a nuestro propio cuerpo. Debemos imaginar que poseemos esa característica física del sexo opuesto y dejarnos afectar libremente por la sensación que eso produzca, sin manipularla. Luego debemos abrir los ojos e interactuar con los compañeros, sin desconcentrarnos. La idea es no perder de vista que tenemos una cualidad física diferente.

Abro los ojos aprovisionada de un magnífico pecho de hombre, que incluye el nacimiento del cuello; me siento poderosa y capaz de mirar francamente a la cara a quien se me atraviese, sin insolencia pero con la confianza suficiente para fijar los ojos donde quiera. No desaprovecho ni por un segundo estos minutos de sorpresiva comodidad, me desplazo a mis anchas y valgo en oro el peso de mi cuerpo, que sin la escafandra masculina que he construido en este ejercicio se convierte en un lastre que no quiero cargar. Entiendo en carne propia la desventaja que significó ser mujer desde mis primeros discernimientos; lo compruebo ahora que miro con seguridad a las mujeres desde este estímulo tan vívido, que experimento como algo intensamente real. Observo a mis compañeros trabajar con sus recién adquiridos «objetos», exageran sus dimensiones, y me parecen muy graciosos algunos hombres que juegan y se divierten al máximo con sus caderas, sus senos y sus cabelleras. El propósito de esta rutina es descubrir nuevos modos de expresión, evitar los prejuicios y explorar una herramienta que podamos usar para la caracterización. Súbitamente, empecé a cantar con una voz clara y colocada, tenía licencia para romper las reglas de urbanidad femeninas, y el resultado fue liberador y por momentos muy cómico. Mi portentoso tórax le abrió las puertas a un aspecto brusco y chabacano, que nunca habría sospechado que existiera en mi paleta de colores. Todo el proceso duró cuatro horas, al cabo de las cuales terminamos rendidos, como los niños que se entregan incondicionalmente al juego y se olvidan del tiempo. Nos sentíamos como recién salidos de un confesionario. En paz.

Son las ocho de la noche y mi pequeño apartamento me ha recibido con la humildad propia del alma de las cosas. Me dejo caer en el sofá y me quedo extasiada, dejando que la simple quietud se termine de apoderar de todo lo que habita en este cuarto. Me siento a salvo aquí. Mientras los objetos renacen, mis juicios se van acomodando todos en fila, se pelean impacientes por un palco de honor para observar con microscopio cada detalle de la obra que diariamente hago de mi vida. Ellos, los juicios, son el sanedrín que delibera para condenarme o absolverme, pero no se ponen de acuerdo, hacen tanto ruido...

En esta noche me distancio sin esfuerzo de su algarabía, no tengo ganas de cenar con tanta vanidad. Miro displicente hacia la ventana; es tan amplio y profundo el saludo del cielo ennegrecido que por un instante pienso que he muerto. De un momento a otro aparece Ella, la Música, como un hada emisaria de esta milagrosa epifanía: en mi rincón del todo hay un revoltijo de notas, acordes, melodías, sonidos y ritmos que todavía debo organizar antes de abandonar este planeta. Una vez comunicado esto, Ella agita con gracia sublime un velo infinitamente transparente que la cubre, tejido con hilos de agua purísima; se desprenden unas gotas brillantes que, al hacer contacto con el silencio de las cosas, producen sonidos de una indescriptible sutileza y resonancia, unas notas imposibles de registrar por nuestro rudimentario mecanismo auditivo. Hoy, antes de volver al palacio de las musas, la Música se adornó con un sombrero en forma de campana y un último tañido dejó su rastro inconfundible de escarcha sobre todo lo que para mí existe. Las cosas están cantando todas al mismo tiempo, ¡qué desorden! No me queda más remedio que aguzar el oído de mi espíritu y arriesgarme a escribir mi primera canción. Voy a aprovechar que los juicios, apenas la vieron a Ella, se han quedado sin habla, como embobados.

La noche ha ganado terreno, perdí la noción del tiempo juntando notas en una guitarra que compré aquí en Madrid para tomar clases de bossa nova con un profesor bahiano. Me enseñó *Oh, qué será*, de Chico Buarque, pero apenas me la aprendí decidí combinar los acordes de otra forma y hurgarle unas melodías a la misma tonalidad. El proceso ha sido fascinante, pues noto cómo mi primera canción se desdobla sin esfuerzo, como una tela dócil y sedosa. Parece que ya estuviera escrita en alguna instancia energética y yo sólo tuviera que sintonizar la frecuencia con exactitud para que su contenido se descargue sin interrupciones. No tengo ningún conocimiento académico musical, y me asombra ver la fluidez con que la progresión me llega a los dedos, pasando impunemente por encima de los pensamientos. Aún bajo los efectos del pecho y el cuello masculinos que tanto me reconfortaron hoy en clase, me regocija la noble serenidad con que este lugar pequeño y seguro le tendió una alfombra acogedora a Ella, la Música, la diosa de todas las inspiraciones, para que entrara descalza y desprevenida a murmurarme por primera vez al oído los sonidos más prístinos de su reino. Falta poco para que el hombre del teléfono cumpla su promesa. Mientras tanto, me castigo comiendo atún directamente de la lata, sin más acompañamiento que mis reflexiones y una botella de agua.

Ya casi son las doce de la noche. Tuve el ánimo suficiente para lavar mi ropa y aspirar el polvo; afortunadamente, ya casi había terminado cuando el vecino, un señor mayor, golpeó a puño limpio la pared para pedirme que apagara el aparato. También lo ha hecho otras veces para que le baje el volumen a la «música de títeres» que reproduzco en mi equipo de sonido; el pobre no me aguanta más. Nada que me llama el periodista. Me pregunto de dónde viene esta urgencia de ser reconocida por un extraño, no sé en qué momento me quedé sin restos para apreciar cuánto valgo. Parece que mi rango como mujer tuviera que acreditarse por la mirada incuestionable de un hombre.

Tengo unos siete años, estamos en la casa campestre de unos amigos de mis padres ubicada en la zona del lago Calima, en pleno Valle del Cauca. Este lugar de clima templado, más bien frío, lleno de colinas que se alzan sensualmente alrededor de una represa de aguas heladas azul oscuro, me encanta por su aire diamantino, realmente un lujo para respirar. La luz siempre diáfana recorta a todas horas cada elemento del paisaje con el esmero de un artesano. Ya ha pasado la hora del almuerzo, hay invitados, risas, tabaco, y el aroma anisado del aguardiente anuncia una acogedora alegría; mi papá ya tiene su guitarra en la mano, va a empezar a cantar, la vida está de fiesta. Mientras tanto los niños correteamos cerca del lago, y a uno de nosotros se le ha ocurrido un pasatiempo: nos pondremos nuestros chalecos salvavidas, nos meteremos en el agua y le pediremos al mayordomo que nos arrastre con la lancha mientras, agarrados de cuerdas atadas a unas asas en la popa, nos dejamos llevar a una velocidad lo suficientemente moderada para sentir la resistencia del agua y disfrutar de esa extraña excitación que produce el peligro imaginado. Lo siguiente será que en determinado punto soltemos la cuerda y nos devolvamos nadando hasta la orilla. Somos pocos niños, entre ellos mi hermana mayor, muy entusiasmada con la aventura. El agua está fría como hielo, soy muy delgada, dudo de mis fuerzas para agarrar por mucho tiempo la cuerda, le tengo miedo a la profundidad; sin embargo, me uno dócilmente al grupo, incapaz de desentonar con su emoción. Estamos todos dentro del agua, hay una cuerda para cada uno, yo estoy sujetando la mía, la lancha se adelanta, las cuerdas se tensan y comienza el paseo hacia el centro del lago entre la algazara de los demás niños. Me atrevo a mirar hacia atrás para comprobar que estamos lejos de la orilla, veo la casa montadita sobre una loma limpia y apacible, donde a estas horas mi padre es todo un trino de zambas andinas, bambucos y boleros; cuánto quisiera oírte, padre, y no imaginarte desde el abrazo lívido de estas aguas improbables. Avanzamos un poco más hasta que por fin nos detenemos, llegó el momento de soltarse y regresar nadando. No me gusta la idea. Ver la tierra tan distante evoca en mí el peor de los naufragios, como si en alguna otra existencia hubiera sido arrojada violentamente a un mar abierto y embravecido, y hubiera muerto otras muchas veces engullida por olas inmensas. No quiero repetirlo más. No hago diferencia entre lo que realmente pasa y la actividad demencial de ese recuerdo astral. El panorama me resulta aterrador aun cuando llevo puesto mi chaleco, ya mi mente se ahoga antes que yo en su propio lago de pavor, no tengo pensamientos salvavidas que puedan evitar que la mandrágora me trague sin misericordia. No es el momento para preguntarme por qué desde que nací me asalta esta certeza de que mi cuerpo no me pertenece, de que soy un alma viviendo dentro de un trapo; no puedo detenerme a racionalizar esto ahora, en la garganta inmensa de la laguna. Empiezo a gritar. Por poco parece que algo me estuviera comiendo viva; al principio, todos creen que estoy fingiendo, hasta que mi hermana, sangre de mi sangre al fin y al cabo, se da cuenta de que el ataque de pánico es real; me agarra una mano y me ayuda con sus gritos a llamar a mi papá. En vista de que nadie nos oye, el mayor de los niños nada hacia la orilla, alarmado, para avisar que hay una emergencia. No hay nada que recrudezca más la lentitud del tiempo que la desesperación. Dios, me estoy ahogando con todo y flotador. Veo a algunas personas viniendo colina abajo, todavía no alcanzo la orilla, entre ellas está mi papá, sí, tanto lo he llamado; se arroja al agua con la ropa puesta y me devuelve el alma urgente en el último segundo de mis fuerzas, trayéndola como quien empuña la bandera del triunfo, todavía con un trozo de canto en la boca.

El teléfono está sonando. No puede ser sino él.

¿De dónde habrá salido este tipo? Casi no le puedo colgar; otra vez pasaron dos horas llenas de ocurrencias y frases extravagantes, por lo que no debe estar muy cuerdo. Me parece un poco sospechosa la conciencia que tiene de su malabarismo verbal, sólo se le escapó una sola frase gastada en miles de canciones y telenovelas, común, sencilla y adorable como puede serlo un pedazo de pan: «Yo la quiero hacer feliz». De esas dos horas, mi soledad sólo le compró los siete segundos que le tomó pronunciar esa afirmación, y se acostó a dormir.

Llevo dos semanas hablando a medianoche con el hombre del teléfono y he inventado toda una fisonomía a partir del tono de su voz. No he querido preguntarle cómo es físicamente por temor a parecerle superficial, teniendo en cuenta mi prontuario como reina de belleza y dado que nuestras conversaciones se llenan hasta el borde con sus ocurrencias, metáforas, citas literarias, humor negro y hasta matemáticas. Una noche me demostró que podía sumar cifras de muchos dígitos tan rápidamente como una calculadora; y a mí ya se me volvió costumbre preguntarle, antes de colgar, a ver cuánto es 89.415 más 15.323, y él responde enseguida: 104.738. Yo luego lo compruebo sumando como una niña de primaria en este cuaderno en el que escribo y... oh, sorpresa, la respuesta es correcta. A mí me halaga que se ría de cosas que yo digo, pues todo el tiempo siento que no le doy la talla a su intelecto. Un día se estaba burlando de los comerciales de televisión y yo me acordé de uno sobre polvos desodorantes, creo que Mexsana, sí, Mexsana con triclosán; señalé que a los publicistas les fascina usar términos científicos que ojalá el comprador no entienda, y que a mí, por lo menos, lo del triclosán me convenció bastante, tanto que no compro Mexsana si no tiene triclosán. El hombre del teléfono se rio de eso, y mucho más cuando, aprovechando que él sabe tanto de tanta cosa, le pregunté por el significado de esa palabra que había ignorado sin remordimientos; al no conocer la respuesta, se carcajeó más, como alegrándose de no saber.

Por el lado de lo superfluo, este hombre en cambio se siente libre de aludir a mi «belleza justa como el arte mismo». Y yo no más me quedo pensando en los kilos que tengo que bajar antes de que nos veamos, pues ya hemos acordado ese objetivo: nos veremos en el verano, cuando yo viaje a Colombia de vacaciones.

La canción que he escrito se llama *Ay, mi amigo*, inspirada en una conversación telefónica que nunca ha ocurrido con el que fue mi esposo, quien ahora se las arregla sin mí.

Me compré una grabadora pequeña de periodista y me encerré a grabarme en el baño, donde la reverberación producida por las baldosas tiene un efecto húmedo sobre la voz, muy agradable. Toco la guitarra bastante mal, me sudan mucho las manos y estiro los dedos como si fueran las patas de una araña. Me aferro a esos nuevos acordes que he aprendido porque están llenos de secretos; ellos me han dictado la letra de esta canción, sin tartamudear. Hoy es un jueves de febrero y el hombre del teléfono me dijo anoche que tenía una misión este fin de semana y que no me llamará sino hasta el lunes próximo. Me ha dejado especulando sobre la índole de su encargo, pues la música de la voz cuando alguien está escondiendo una travesura es inconfundible.

No tuve la madurez para callarme la indiscreta pregunta «¿qué misión?», pero al menos sí la humildad para aceptar su abrupto cambio de tema. Terminada la conversación, me dejó en manos del insomnio, socorrido milagrosamente por la Inspiración, que con todo y guitarra deslizó por una rendija del alba un sobre celeste con las palabras precisas para los amores ausentes.

Hoy ya es viernes. Dormí mal, como si hubiera hecho un esfuerzo físico extenuante, me desperté sudando como un caballo. Tuve un sueño rico en imágenes y códigos, de esos que quedan en suspenso y deben seguirse soñando para poder descifrar su mensaje subyacente. Toda la noche oí una vocecita, una especie de testigo de todo lo que iba viendo, que me indicaba las preguntas que debía formular para obtener la clave de mis vulnerabilidades.

Creo que soñé como sueñan los profetas.

Casi ahorcada por un enredo de algas marinas, trato con todas mis fuerzas de salvarme de mi ahogo. El agua está turbia y toco el fondo, la angustia es muy aguda. Todo mi cuerpo se enfría en la sal de estas aguas que me tragaron muchos miles de años atrás. ¿Qué hago aquí? Sigo sin poder escapar de esta posesiva red de vegetación carnívora que, como un enjambre de sogas poderosas, se alía con mi muerte. He muerto. Una fuerza trascendental me lanza hacia arriba con la propulsión de un proyectil. El pánico ha cedido paso a un silencio inconmensurable todavía provisto de estupor y desasosiego. Soy un haz de energía, parezco un cuerpo, pero ya no existo en esa forma. Ocupo la nada azul oscura. Me encuentro en la bóveda que antecede todo lo creado, expandida en la cúpula infinita del universo antes de explotar o ser imaginado por Dios. Floto, y de pronto la voz me habla y me dice: «Pregunta por qué tienes miedo de cantar».

Tengo miedo de mis ganas de comer. Este fin de semana será largo y solitario, tengo que inventarme algo para distraer a la bestia que amenaza con tragarse toda la nevera. Mi relación con la comida es tormentosa y apasionada, sin duda paralela y directamente proporcional al grado de abandono que estoy dispuesta a soportar en determinado momento. El hombre del teléfono va a desaparecer, no sé si definitivamente, puedo pensar que lo de la misión es su forma de despedirse. Ya me había acostumbrado a la regularidad de sus llamadas, me da vergüenza admitir que me he enamorado de una voz. Ni siquiera tengo ganas de conocerlo en persona. Puedo crear con libertad una entidad a la medida de mis ilusiones a través de las frecuencias bajas de su tono, pero sobre todo a través de las pausas que hace. Sus silencios son igualmente sugestivos porque responden a una rítmica armoniosa de su discurso, nunca se queda sin palabras, sabe distribuirlas entre los precipicios del habla, tal como ocurre con las piezas musicales que obedecen a un perfecto equilibrio. Cada llamada de este individuo sin forma es una partitura maestra. Ya noto que mi tolerancia a la frustración es baja, mis tripas están en alerta roja, las advertencias anuncian una nueva embestida de la Furia con hambre. Temo haberme tornado aburrida para el hombre del teléfono por mi insuficiente cultura general, no he leído lo que debería; mis silencios, a diferencia de los suyos, ocurren por falta de palabras y de información. Devoraría sin miramientos una bolsa de churros con chocolate. Iré a clase y aprovecharé la primera hora de improvisaciones para comerme el mundo, a ver si con eso la calmo.

Hoy en clase fue día de monólogos, no me tocó el turno pero mis compañeros pasaron al frente con trabajos muy impactantes. «La perra caliente» es uno de los que más escogen las alumnas. Se trata de una mujer que fluye con las palabras y el cuerpo en el caudal de su libido sexual sin ninguna reserva. Esta pieza sirve para que la actriz descubra sus dificultades y fortalezas frente a su sensualidad y sexualidad, conceptos que generalmente están viciados por prejuicios innecesarios. El primer año de este sistema de interpretación consiste, sobre todo, en observarse interiormente. Hay una pila de monólogos impresos de entre los cuales los estudiantes debemos escoger, de acuerdo con las zonas que necesitemos explorar. Veo que al principio la tendencia es irse hacia lo emocional y los monólogos más apetecidos son los que hablan del dolor, del miedo, de la muerte, la pérdida y la soledad. Una vez superada esa fase liberadora, en la que abundan las lágrimas y los gritos, las ganas de divertirse un poco más dirigen el impulso hacia todo lo concerniente a los sentidos. Todavía no he sido capaz de elegir un texto alegre para trabajar, pero tarde o temprano sé que mi profesor me lo sugerirá. Sigo estancada en la fase de la pérdida, no he terminado de llorar mis desgarramientos. No obstante, hoy conseguí conectarme con la mujer salvaje que nos mostró de manera espléndida una de mis compañeras. Fue la primera vez que entendí lo que es decidirse a ser actriz con todas sus letras. Tan joven como yo, esta madrileña de color nuez y caderas audaces abrió su escena recostada en un sofá, en el centro del escenario, y nos hizo poner los pelos de punta cuando se incorporó, se abrió de piernas y con la voz bien puesta dijo mirándonos: «Este coño es para decirles quién soy».

Viernes. Estoy tirada en mi sofá cama, que casi siempre está en modo cama, a menos que venga alguien a visitarme. Afuera hace un frío tremendo, no tengo ganas de ir a la cena a la que me invitó una de mis compañeras. Me fui lejos, atada en la cola de pensamientos que flotan como cometas al viento. Recordé un episodio muy sórdido en la vida de ella, algo que de repente me confió una vez a la hora del almuerzo, como si estuviéramos en una sesión de esos ejercicios del curso donde se palpa el corazón del otro. Mi amiga es una mujer muy joven y bella, tendrá unos veintiún años, medirá cerca de 1,80 m y sus rasgos son anglosajones, de madre inglesa y padre australiano. Desde que nos vimos por primera vez tuvimos cierta empatía, aunque nunca me sentí cómoda conversando con ella; me parecía que su amabilidad no pasaba de lo social, tal vez era demasiado flemática para mi gusto, por eso su confidencia me dejó estupefacta.

Una tarde después de clase me llevó a conocer a su hermana mayor, también actriz, que acababa de regresar de un viaje largo. Llegamos a un edificio ubicado en una calle muy elegante de Madrid, y luego de subir tres pisos por unas escaleras de mármol, timbramos en uno de los apartamentos. El lugar estaba lleno de gente, nos abrió la puerta un muchacho al que mi amiga no conocía. Dejamos los abrigos en el recibidor y pasamos a un salón donde había muchas personas bebiendo vino y champaña. Algunos estaban sentados en el suelo oyendo cantar a una mujer hermosa, que acompañaba con la guitarra una canción brasileña en perfecto inglés y que resultó ser la hermana de mi compañera. A pesar de que nos vio llegar, no nos saludó, siguió cantando como inmersa en otro mundo, con una voz afinada y plana; se veía que había bebido mucho. Esta mujer sigue cantando, y entre una canción y otra bebe sorbos de champaña. Yo no puedo dejar de mirarla. Su piel es blanquísima, el pelo negro, como el ala de un cuervo, lustroso y ondulado, le toca los hombros famélicos. Es menuda como una espiga, casi de enfermedad. Lleva un vestido negro de jersey de seda que se le escurre entre las piernas, también en extremo flacas, pero su postura es tan elegante que toda la imagen es de por sí una obra de arte. Toca la guitarra sin virtuosismo, pero con gusto y sentido del ritmo, pulsando las cuerdas con unos dedos de nácar larguísimos, discretamente ataviados con un par de anillos de perla y diamantes. Nunca vi en mi vida una cara más perfecta que ésta. Cejas, ojos verde agua y labios rojos simétrica y divinamente enmarcados entre los huesos de la frente, los pómulos, la mandíbula y el mentón. Algo en su mirada perdida, en los gestos finos y en la dejadez de sus movimientos dejaba adivinar un universo complejo detrás de su presencia. Era la única de todo el personal que estaba vestida tan formal y sofisticadamente, como si viviera en una dimensión diferente de la nuestra, su arrobado auditorio.

Al cabo de varios blues y bossas por fin se puso de pie y vino hacia donde estábamos nosotras. Nos habíamos ubicado en el extremo opuesto del salón, al lado de un ventanal de cuatro metros de alto, de modo que pude verla en plano general, caminando sobre unos tacones muy altos de pulsera alrededor de los tobillos, empujando la tela de aquel vestido largo y líquido, que al tener dos aberturas paralelas en la parte de adelante dejaba asomar de pronto sus piernas albinas y longilíneas como lirios.

Cuando se acercó, pude darme cuenta de lo alta que era y de lo extraviados que ya estaban sus ojos de agua clara. En nuestro corto intercambio de palabras hubo mucha comodidad y complicidad, y las tres quedamos para almorzar al día siguiente.

Nos encontramos en un restaurante vegetariano del centro escogido por ella. Me sorprendió la facilidad con la que fluía la conversación, como si nos conociéramos de hace tiempo. La diva de esta anécdota estaba bastante locuaz, me sentí afín a su humor negro y a cierto patetismo en sus gestos erráticos, como si no estuviera del todo presente en este mundo. «Eres pánfila como yo», me dijo. De ahí en adelante entró en una especie de delirio sobre la idea de escribir un guion para una película que se llamaría *Las pánfilas,* en la que su hermana, ella y yo seríamos las protagonistas. Mientras tanto, comía de una forma que sólo pude asociar con el monstruo hambriento de mis solitarios fines de semana. Yo estaba encantada con toda esta historia de *Las pánfilas* y, además, orgullosa de que semejante mujer me incluyera en su mundo estratosférico; entonces le seguí el ritmo comiendo pan con aceite de oliva, setas al pesto, croquetas de champiñones y luego tres variedades de postres a la crema y al chocolate. Al final del almuerzo se quedó mustia, como un globo atascado entre las ramas de un árbol altísimo, sin esperanza de volver a tocar tierra, y de un momento a otro se paró al baño. En ese lapso –que duró mucho– vino la confesión brutal de su hermana, mi compañera de clase: me contó que nuestra *black rose* estaba recién llegada de Australia, supuestamente después de cerrar un capítulo muy tormentoso de su vida que incluía también a mi amiga.

Cuando estaban muy pequeñas, su padre las había abandonado y había huido a Sidney, donde vivía hasta el día de hoy. Después de diecisiete años había reaparecido y mandado por ellas, a lo cual su madre no se opuso. El padre, hombre adinerado, muy guapo y encantador, quedó embrujado con la belleza de sus dos hijas, a quienes terminó seduciendo hasta el punto de llegar a sostener una relación amorosa con ambas al tiempo y por varios años. Mi amiga pudo cortarla pero no así su hermana, quien se enamoró de él perdidamente. La misma princesa nácar que en este momento regresaba del baño pálida y ausente después de vomitar voluntariamente hasta la última trufa de nuestro opíparo almuerzo.

He vuelto de este recuerdo y el viernes sigue intacto, entumecido y, sin embargo, alegre para tantas personas que pasan frente a mi ventana. Envidio a las parejas que se ven felices y se besan confiadamente en las escaleras eléctricas de los centros comerciales, en las filas antes de entrar al cine, en los paraderos de los buses... Qué bueno sería esperar el mismo tren subterráneo con alguien abrazado a mi cintura. En la televisión sintonizo un programa de concurso en el que los participantes son siempre personalidades de la farándula. Sus presentadores son dos mujeres y un hombre, vestidos todas las noches como si estuvieran celebrando el Año Nuevo en un hotel de lujo, y sonriendo con esa alegría de chicle, templando los labios y rozando los dientes contra palabras huecas pero felices, estridentemente felices; se me cansa la cara al sentir el esfuerzo que demanda sonreír de aquella forma tan musculosa. Los envidio a ellos y a sus carcajadas de lucecitas detestables. Ahora me reconforta la benevolencia del sueño que me hace un gesto con la mano, como diciendo «Ven, tengo para ti algo mejor», y me acaricia con su mano de ultratumba.

Avanzo impulsada por la voz silenciosa que me guía, soy un algo de otro mundo que va hacia un lugar inmune a todo concepto de espacio, no sé si estoy de nuevo bajo el agua, pues no siento mis pasos, me deslizo como el viento que tiene una dirección concreta y un volumen misteriosamente inasible. No veo nada, transito el vacío, esta vez enturbiado por una textura arenosa que va haciéndose cada vez más tangible, aparecen colores terrosos: el negro, el ámbar, el dorado. He llegado a las puertas de una edificación que nunca habría imaginado. Su fachada inmensa no puede abarcarse con la vista humana, pero sí con la de la sombra que soy en esta instancia fuera del tiempo, destinada a ver más allá de la muerte. Estas paredes colosales de oro macizo se alzan delante de mí con la majestad aplastante de los reyes que tienen jerarquía de dioses. Son los pilares de un palacio suntuoso, construido en un pasado perdido de la historia del hombre. Sus muros están tallados totalmente con inscripciones que no puedo entender, formas diminutas de un alfabeto milenario, rico en caracteres de formas irreconocibles, trazos que semejan contornos de animales, probables números, huellas flagrantes de la cultura de todo un reino colindante con lo ultraterreno. Este prodigio arquitectónico tiene escrita en sus columnas monumentales de oro la epopeya de su legado, acuñada con el pulso mismo de las deidades del arte. Continúo mi fluir leve a través de estos lingotes que resplandecen sobriamente, sí, los atravieso porque soy este sueño que viaja en el tiempo, sin que la voz se pronuncie para advertirme nada desde que me incitó a preguntar por mi temor a cantar. Este aliento en el que me hallo convertida se reparte en corrientes que recorren las incontables estancias interiores de esta construcción de ilimitada magnificencia. La ubicuidad de mi actual estado me permite llenar mi curiosidad por habitar todos sus rincones que progresivamente van despertando en mí un sentido de pertenencia. He penetrado en una especie de templo sagrado que por una extraña razón no me es desconocido. El silencio en este lugar es sólido como el vidrio y el aire es testigo impoluto del refinamiento sin mácula con que han sido emplazados los pisos de ámbar y aquellas paredes que cantan con intrincados jeroglíficos el himno áureo de una dinastía real. Mi vuelo se detiene, después de vagar muchos kilómetros dentro del palacio. Detrás de un visillo traslúcido están los aposentos de quienes estoy segura son los reyes, gobernantes supremos de esta civilización primigenia. Me asomo con cierta confianza, algo me dice que no soy una intrusa, quiero a toda costa distinguir las siluetas que se mueven como felinos detrás de los telares. Sólo alcanzo a entrever el perfil de una mujer que se desplaza con una cadencia y una majestad inusitadas. Tanto así que desde mi punto de vista sólo su fantasma es ya el espectáculo más bello que haya presenciado. Tanta hermosura no es digna de los ojos de nadie que habite el mundo en el que despierto todos los días.

Es sábado y me desperté sorprendida por una felicidad solemne. Tengo la certeza de haber dormido en brazos de mi madre.

Compré el periódico porque quiero meterme a clases de flamenco y hoy he buscado posibilidades en los avisos clasificados. Encontré una escuela por los lados de la Puerta del Sol que se llama Palos de Sevilla; no sé, a todas estas cualquiera me sirve. La idea es ocupar mi tiempo para no pensar en comer. Me acabo de poner una falda larga hasta los tobillos, unos zapatos cerrados de cuero y una blusa con las esquinas amarradas en la cintura, queriendo copiarles las vestimentas a aquellas niñas gitanas que, con el pelo escapándoseles de una trenza mal asegurada, cantan histéricas en las calles.

Son las cuatro de la tarde y llego a mi trinchera con la alegría de haber cumplido con mi mandato. Adoré a la profesora nacida en la misma Sevilla que, dicho sea de paso, me piropeó «el tipo», perfecto para una bailarina de flamenco, según ella, aunque sé que ese parlamento era necesario para reclutar una nueva alumna. La escuela resultó ser un apartamento tan pequeño como el mío, con piso de madera, una barra y una pared de espejos. Llegué en el preciso momento en que una joven de rasgos nórdicos estaba bailando unas alegrías con una técnica aceptable y ahí fue donde dije «Aquí me quedo». La profesora es una señora muy graciosa, de unos sesenta años, 1,55 m de estatura y un entusiasmo contagioso, condimentado con su refrescante acento sureño; en fin, la dosis perfecta de antidepresivo para estos tiempos grises. Quedamos para el siguiente martes.

Lo único terrible que me pasó hoy fue ver salir de un baño público a un joven con los brazos sangrando, imagino, después de haberse inyectado heroína. Estaba esperando el bus en una de las estaciones y de pronto vi esta imagen surrealista, un Jesucristo recién bajado de la cruz con los ojos mirando para adentro, flotando en una nube densa y mortal.

Acabo de oír los mensajes en mi contestador. El corazón se me está estallando de una emoción parecida a la que sentiría si me ganara la lotería. ¡El amante me llamó hace un par de horas! Dice que está aquí en Madrid porque hoy tendrá que asistir al estreno de una de sus películas. Oír su voz pastosa y como recién fumada me arrojó violentamente al recuerdo de sus mejillas barbadas y labios de pañuelo húmedo, todavía pagando escondedero en los rincones de mis soledades. Ay, dios mío santo, ¿qué hago? Me ha invitado al estreno y luego a una fiesta en el Stella, una discoteca bastante exclusiva donde sólo entran socios. ¡Ay! ¡Cómo me sudan las manos de pensar en volver a verlo! Ya siento en este momento el aliento del diablo calentándome todo el cuerpo, y lo siento a él y a sus terribles ganas. Estoy perdida. El hombre del teléfono se ha evaporado por completo, si es que alguna vez ha sido materia existente. Esta voz que me ha saludado hoy ha terminado de pulverizarlo al relamerse con cada palabra: «Hola, mi colombiana. Soy yo. ¿Te acuerdas, o ya me has dejado por otro?». Sí. Te voy a dejar "la razón" porque la he perdido por ti. «Guapa, hoy estreno la peli que he rodado en los Alpes franceses... Quiero que vengas... Después iremos de copas al Stella, ¿te animas? Venga, que quiero verte. Te llamaré luego e insistiré. Aunque huyas, insistiré».

¡Ay! Y encima se atreve a identificarse con el nombre que yo le puse para mandarnos mensajes durante el rodaje. Cuando la vida misma grita sus azares milagrosos, no hay más opción que ponerse a dar alaridos a la par con ella. Parezco un animal de monte chillando y dando vueltas en una jaula.

Tengo desbaratado el clóset midiéndome todo. Creo que me decidiré por un vestido negro de Alaia que compré hace años en Londres, realmente el único traje decente que tengo para esta clase de eventos; además, como es de tejido elástico, me sigue quedando bueno aunque haya engordado. La llamada del amante me ha hecho sentir muy sexy; ahora que me veo al espejo, hasta los cachetes me lucen. Hoy es mi día de «bonita», completaré la buena racha alborotándome más el pelo amazónico que le heredé a mi abuela paterna y pintándome los labios de rojo. ¡Ay! ¡El teléfono está sonando! Es él, estoy segura.

Sí. Era él y no me repongo del vértigo que siempre me produce la posibilidad de verlo. No entiendo con qué agallas voy a ir a ese estreno, pues me aclaró que su esposa lo acompañará. ¿A qué voy? Cómo estaré de aburrida que prefiero asistir a mi propia pobre y entretenida película de desesperanza. «Me muero por verte», dijo, y con eso tuve. Su amigo J, nuestro alcahuete, el mismo del restaurante italiano en París, me estará esperando en la puerta del teatro. Hoy es sábado y no tengo mucho capital emocional como para quedarme sola viendo el programa de los tres presentadores felices. El murmullo de esa voz todavía anda haciendo estragos en todos mis sentidos, hasta las orejas me palpitan. Es sábado y es de noche. Estoy lista para la dulce tortura. Lista y más sola que nunca.

Escribo hoy domingo y la noche está más fría y más negra que el desconsuelo que llevo dentro. Antes de acabar con todas las panaderías de Madrid, quiero poner en palabras lo que me ha ocurrido en estas últimas veinticuatro horas.

Llego al teatro en metro, por supuesto, y he alcanzado a sudar un poco en la carrera por llegar a tiempo. La calle está atestada de gente y en el andén la alfombra roja ha desplegado sus galas para las estrellas de la película que han de desfilar hasta el atrio, donde esperan reflectores y periodistas con cámaras que relampaguean como una revuelta de pájaros nocturnos. Todavía no ha llegado mi protagonista. Yo, mientras tanto, soy una figurante más en esta particular escena escrita para que brillen los afortunados. Hay muchas personas delante de mí y no hago ningún esfuerzo por acercarme al borde de la alfombra. Estoy ahí parada en medio de saludos y aullidos, con los labios escarlata y las mejillas como bombillos, completamente percatada de mi falta de dignidad al haber aceptado presenciar la situación desgarradora de ver a mi amante entrando de la mano de su mujer, como si se estuvieran volviendo a casar. Ahí parece que vienen. La gente está aplaudiendo con muchas ganas. Pero no. Oigo que pronuncian otros nombres. El corazón enloquecido ya no sabe si latirme afuera o adentro del cuerpo. «Hola», me saluda una voz justo detrás de la nuca y me volteo, me imagino que con una cara de espanto incontrolable, y veo a J, cumpliendo seguramente la petición de su amigo de buscarme entre aquella horda de fanáticos. «Nuestro hombre ya está por llegar». Esa especie de complicidad en el delito no ayudó a que me sintiera más privilegiada; al contrario, me confirmó que no podía ocupar un lugar más miserable en la vida de un hombre que ese. J trata de ser amable, me pregunta por mis clases, de alguna manera siento que me compadece y mi rubor se vuelve más severo, como haciéndoles coro a su vergüenza y a la mía. Los asistentes de nuevo se han alzado a gritos y ahora sí oigo claramente el nombre de nuestro hombre, a quien no veo desde que me comí sola el arroz con setas que le había preparado. Me empino un poco para verlo pero se me atraviesan cabezas, brazos y cámaras. Alcanzo a ver fragmentos de su cara, viene sonriendo y bromeando, como hace siempre que sabe que lo están mirando. Ella está resplandeciente, vestida también de negro, y luciendo una sonrisa recatada. Veo en ellos lo que hay de indisoluble en las parejas de toda una vida. Después de ese primer aperitivo de realidad, me dejo conducir por J hasta el interior del teatro, como una especie de condenado a muerte que ha aceptado su irrevocable sentencia. Como era de esperarse, sólo pudimos saludarlos cuando la película se terminó, ya ubicados en el lobby del teatro y con una redentora copa de champaña en la mano. La película me ha parecido un verdadero fiasco y las actuaciones bastante pretenciosas, muy efectistas y llenas de clichés. Con todo, esto no alcanza para dejar de ver a mi protagonista como el hombre de los labios más sensuales que he besado, el más carismático, el más gracioso. Estoy al lado de J con mi segunda copa de champaña entre pecho y espalda, bendito dios, cuando mis ojos se cruzan con los suyos. Viene radiante a saludarme y me da un abrazo de grandes amigos. Luego la saludo a ella y envidio todo de su vida, de su aspecto, admiro su belleza y trato de descifrar su mirada ilegible y sin fondo. Se nos unen muchas personas, ante quienes la reluciente pareja reacciona con exclamaciones y carcajadas, como si ya se conocieran largamente.

Cada minuto que pasaba me hundía más en el sinsentido de estar ahí; en realidad, quería salir corriendo, pero nada me resultaba más paralizante que el aguijón en la mirada lujuriosa de mi amante, quien encontraba pasadizos secretos para enterrarme sus bestiales ojos negros. En ese segundo me comparé con el muchacho drogado que había visto esa tarde, ya me corría por las venas el veneno que había ido a buscar para intoxicar mis vacíos y sentirme amada, aunque fuera de forma tan fugaz. Con estas breves cuotas de miradas sobreviví hasta que llegó el momento de irnos para el Stella. J, en su papel de acompañante a rajatabla, me brindó el brazo para invitarme a salir del teatro. Mi amante y su esposa abordaban una flamante limosina; J y yo, como dos náufragos, esperábamos en una esquina a que un taxi se dignara socorrernos en medio del tráfico que bramaba como un río encandilado. En el trayecto, J no paró de hablar; parecía más nervioso que yo al comienzo de la velada. Yo, por mi parte, me encontraba en una calma narcótica y mentirosa, como uno de esos enfermos mentales que bajo el efecto de un tranquilizante ven pasar impávidamente su demencia ineluctable.

El Stella es un edificio de varios pisos con diferentes ambientes, famoso por la constante afluencia de celebridades. Una vez dentro, mi parejo de la noche se las arregló para ubicarnos en un salón exclusivo, destinado para los actores y colaboradores de la película. Nos sentamos en una de las butacas del bar a soportar con *vodka tonics* más capotazos del diálogo insulso que inician dos personas que están juntas porque les toca, pero que no tienen nada en común. En este caso, nuestra única conexión era la ansiedad por deshacernos el uno del otro. No significaba que no nos agradáramos, pues incluso en medio de mi borrachera alcanzaba a percibir la enconada sensibilidad de mi contraparte, un hombre que ya pasaba de los cincuenta, con una carrera lánguida como actor, escritor y traductor, y cuyo mérito más sobresaliente, se me antojaba a mí, era el de ser paje leal de nuestro hombre, su infaltable benefactor. J tenía ese aire enmohecido del perdedor, del que se encierra entre las cuatro paredes pusilánimes de su mundo asustadizo, de aquellos que llevan la derrota como un trofeo insigne para justificar su falta de valor para ser realmente libres y que optan por vivir de las glorias ajenas. No sé cuánto tiempo transcurrió mientras lo observaba sin oír nada de lo que decía, concentrada en la avidez con la que bebía un vaso tras otro, en su discurso cada vez más disperso y en la postura de su cuerpo, inclinado por el peso de su evidente soledad. Este espectáculo me iba produciendo un desconsuelo profundo, no podía evitar verme reflejada en esa imagen patética.

A medida que pasaba el tiempo, el espacio se llenaba más de gente que nos ignoraba, y estar al lado de una persona en la que cada vez se proyectaba mejor mi propia desolación, me provocaba la urgencia de escapar. Pero el destino, con su insondable matemática, me aseguró un resultado parcial de la ecuación de esa noche. Mi amante había llegado. Venía eufórico y chispeado; mi estado medio cataléptico me permitía desacelerar el ritmo de esos preciados minutos para observarlo desde la inadvertida gruta de anonimato que compartía con el desdichado J. Mi amante es vanidoso, le gusta que lo miren; ahí viene vestido con su impecable traje negro, camisa blanca, corbata oscura, muerto de risa y con ese halo iridiscente del triunfador, del que todo lo tiene, no paran los abrazos y las adulaciones, la vida exhibe sus fuegos de artificio para festejar el momento de este hombre carismático que puede darse el lujo de decirme «me muero por verte» sin sonar como un mendigo. Vino a abrazarme de nuevo, más hondo y más estrecho que en el lobby del teatro, me habló muy despacio, «estás tan guapa, primita», y me dejó en las mejillas su condenado olor a madera. Cruzamos unas palabras triviales hasta que respondió a la muda pregunta por la ausencia de su esposa, diciendo que se había quedado atrás, saludando a unos colegas.

Mi edecán había recuperado un poco de lucidez con la llegada de su gran amigo, y aprovechó para dirigir una crítica a la película aparentemente positiva, adornada de intelectualismos. Su esfuerzo exagerado amenazaba con delatar su verdadera opinión, que intuí tan desfavorable como la mía. Pero en este momento de pasiones ansiosas por arder, nada importaban las pompas de la razón. Mi objetivo de esa noche era simplemente que mi amante me encontrara irresistible y que eso provocara una llamada, un nuevo encuentro, tal vez durante la semana. Creí que mi meta ya se había cumplido y estaba próxima a emprender la fuga cuando de repente, de entre la multitud, se abrió campo la vaporosa figura de la mujer; me saludó otra vez muy cariñosa y simpática, me ponderó el vestido, el pelo, el rojo de los labios y volvió a perderse entre la gente, como un colibrí prodigándose en un jardín de flores. El campo magnético entre el amante y yo se había renovado, cualquier contacto se convertía en la cifra de un lenguaje encriptado del que habíamos excluido a J sin asomo de remordimiento. «No te vayas», me carraspeó al oído y se alejó, dejándome con esa orden terminante.

No conocía a nadie y de pronto me encontré totalmente desorientada al intentar ubicar a su albacea. Me refugié en la barra y al cabo de unos minutos reapareció ella, quien al verme tan aislada me agarró de la mano y me condujo hacia un grupo de personas en el que se encontraban dos actrices del seminario. No pude evitar pensar en que, de nuevo, era su señora quien me brindaba una tabla de salvación y me sentí culpable por desear tan desmedidamente a su marido. Entablé conversación con una de las actrices, sin dejar de añorar el regreso de mi amante, que al rato irrumpió como un demonio desde los sótanos de una caldera.

El corrillo es ahora de siete personas y yo alimento mi diálogo con la actriz, de manera que mi amante vea que puedo desenvolverme sin él. No lo miro, pero lo siento convertido en un animal en plena noche de cacería, arrebatado y ansioso. Saboreo cada segundo esta ventaja pírrica; por primera vez en la noche, creo tener algún dominio sobre él. La esposa empieza a despedirse, adivino que la atractiva pareja ya se va. Sin embargo, me quedo de una sola pieza al oírle decir: «Bueno, chicos. Sabéis que soy madre y debo cuidar de mi hijo, pero aquí os dejo a mi marido; cuidadlo mucho y pasadla bien, ¿eh?».

(Había olvidado que tenían un hijo de seis años). Me dio dos besos y se fue. No podía creerlo. Él y yo tendríamos toda la noche por delante, todos los abrazos, toda la gloria de los enamorados. Apenas ella desapareció, no volvimos a separarnos y se multiplicaron por mil los pequeños guiños, los roces y las cercanías que iban aumentando el anhelo de estar solos y hacer de ese ahora inaplazable la fiesta del fin del mundo. La mesa había sido tendida para el banquete de la forma más generosa y estábamos dispuestos a saborear hasta el último manjar. «Qué buen amor te voy a hacer, mi colombiana». Esta frase que se repetía entre los sorbos de vodka y sus manos tirándome del pelo con una fuerza contenida y anticipatoria del embate que se aproximaba, actuaba en mis terminales nerviosas como un choque eléctrico de altísimo voltaje. A cada pulso, todo el cuerpo se me encendía violentamente, igual que una cerilla prende fuego al campo seco. Ya era hora de irnos a celebrar, por fin. Al parecer, J había completado la misión y había abandonado el lugar.

Cuando salimos a la calle, la noche madrileña derrochaba sus excesos con toda enjundia, como sólo ella sabe hacerlo, loca suelta, igual que nosotros, arropando sin pudor los pecados de los hombres y abriéndose de par en par para recibir los secretos que nadie como ella, bandida, sabe guardar. Bajamos por la calle Clavel y en la intersección con Gran Vía paramos un taxi. Entendí de qué se trata la dicha cuando no hay más que ese presente galopante y huidizo, única garantía de que se está vivo. No había espacio para pensar en el futuro, era el instante o nada. Dentro del taxi, él se apiadó de su presa agonizante y la mató con un beso, uno, religioso y profundo, una daga sagrada que asestó hasta la empuñadura, con sangre y sin pausa.

El taxi nos dejó frente a mi pequeño apartamento en la calle General Varela. Entramos. Había tanta ropa tirada por el piso que parecía que hubiera explotado una granada ahí adentro. Eran los estragos causados por la angustiosa elección de mi vestido negro, que ahora el hombre siempre ausente empezaba a desabotonar con la parsimonia del más experto catador.

La mañana nos asustó con un sol injurioso y sus bocinas de la calle. Nos habíamos quedado dormidos como dos niños. La noche encubridora se había ido y nos había dejado con nuestra verdad a la intemperie, desolada y cruda. «Son las once». Sentía la soledad sonando como una alarma imposible de apagar al ver cómo él recogía su ropa del suelo con el talante de los desposeídos, ajeno, ya su alma lejos de sus ojos negros y de mí. Tuve la certeza de que no lo volvería a ver. Casi sin decir nada, se fue. Miré a mi alrededor y contemplé el paisaje devastado. El vestido negro retorcido de dolor, las medias de rejilla con las venas rotas, mis zapatos de tacón tronchados en rincones opuestos, mis aretes hechos un cristal de lágrimas, el resto de mi ropa esparcida, gritando su caos, y las sábanas... Ay, las sábanas humeando todavía el aroma de madera y tabaco dulce. Hundí la nariz en ellas y aspiré varias veces con fuerza, como una enferma de los pulmones. Me dejé caer cual saco de plomo sobre la cama, miré al techo manchado que anoche fuera cielo infinito, y lloré. Lloré con todas las partes de mi cuerpo, con las uñas, con mis piernas, con mi estómago, con mi garganta, emití sonidos que ya no eran humanos, ladridos que ya no eran de perro, bramidos de vaca mitológica, helo aquí de nuevo; el llanto mágico. No quería levantarme ni mucho menos vestirme, como si mi desnudez todavía se nutriera de los efluvios que emanaban mis cobijas. Me consolé recordando detalle a detalle los momentos que tejieron la inimaginable filigrana de la noche, hasta ahora, la más alucinante que había vivido junto a él.

No sé cuántas horas permanecí en la misma posición. Mi último aliento se lo había llevado este amante mío, en su exiguo beso de despedida. Cuando sonó el teléfono, pegué un salto y fui dando tumbos hasta la mesita al lado del espejo para contestarlo. La imagen que vi de mí misma me pareció salvaje y quizá bella. Estaba envuelta en las sábanas del buen amor, con el pelo tan enmarañado como mis sentimientos y la cara surcada por ríos negros. El corazón se me detuvo cuando del otro lado me saludó la esposa de mi amante. Su voz sonaba muy pausada y calmada, como siempre; apreté los párpados hinchados, como esperando un estallido. La única razón para haberme llamado no podía ser otra que pedirme cuentas por la llegada tarde de su esposo y mandarme para la mismísima mierda. Sin embargo, pasaron unos cinco minutos y la mujer seguía con su tono amable y desprevenido, contándome con cierta complicidad que su marido había llegado a las once y media de la mañana. «¿A dónde fueron?», me preguntó. En mi estómago cayó una especie de piedra helada, no me había puesto de acuerdo con él para coincidir en alguna excusa. Me aventuré como un kamikaze a contestarle que J y su marido me habían dejado aquí en la madrugada. «¿Siguieron *rumbiando*? ¡No puede ser! ¡Qué aguante, dios mío!», dije, fingiendo mi sorpresa y bañando en sudor frío las sábanas fragantes. Ella me habló de la afición de su esposo por la fiesta, que siempre que salían ocurría lo mismo: ella se iba más temprano y él llegaba al otro día, muy campante. Bueno. Eso logró calmarme un poco, sentí que genuinamente no sospechaba nada. «¿Queréis venir a tomaros una sopita de ajo que yo preparo, deliciosa? Venga, que te quito la resaca con una caña, no está bien que la pases tan solita un domingo. Yo también estaré sola, mi marido tiene que llevar a nuestro hijo a donde su abuela». No me dio tiempo para pensar. Yo estaba tan atolondrada que acepté como una autómata, casi agradeciéndole que no me hubiera descubierto. Cuando colgué el teléfono, el espectáculo que me mostró mi espejo era espeluznante: una mujer espectral con la cara color gris claro y la boca blanca, pues se me había borrado del susto. Me recordé a Alice Cooper. Dios mío, no sabía qué pensar, me arrepentí profundamente de no haber esgrimido una disculpa, mis neuronas lentas no dieron la altura de semejante emergencia. Nada. Tuve que pararme en ese guayabo tan bravo, lavarme las heridas, limpiarme las huellas de los labios y de las manos de mi amante y salir para mi insólito destino con la poca cara que me quedaba. Eran más o menos las cinco de la tarde cuando me bajé del tren, después de más de cuarenta minutos de viaje con un desasosiego que me mordía los intestinos. Miré la dirección en el papel y leí las indicaciones que anoté. ¡Ay! Mi sentido de la orientación, que es un desastre, no ayuda en nada cargado con esta angustia. Sin embargo, la vida es maestra y sabe cómo pasar por uno con la precisión meridiana de lo inevitable.

Empecé a caminar por una calle empedrada, enmarcada por castaños que pronto florecerían. El entorno se sentía plácido, como desmayado en el tibio sol invernal. Las casas a mi alrededor eran construcciones de estilo tradicional, muy parecidas entre sí, de tres pisos, con techos a dos aguas, delimitadas con cercos de saludables cipreses. Cada una de esas casas invitaba a un mundo familiar guardado en una privacidad solemne, orgullosa y esmerada. Mientras avanzaba, medía el desamparo glacial de mis pasos frente al calor envidiable de esos hogares de gente pudiente y privilegiada.

Sin ninguna dificultad, me vi frente al portón de la casa en la que vivía mi amante con su familia. Cada ladrillo parecía gritarme a la cara que él jamás me pertenecería, que esas paredes y todo su contenido eran su blindaje infranqueable. No obstante, me atraía la fatalidad de conocer su mundo real, pues hasta ahora él era un semidiós extraído de nuestras noches alucinadas. Cuando su mujer abrió la puerta, sentí que a duras penas podía tenerme en pie, y como si ella lo hubiera advertido, me estrechó al saludarme y me retuvo un poco, como queriendo insuflarme su vitalidad. «Pero qué cara tienes, guapa», me dijo, y me invitó a seguir al salón principal. Se retiró por unos minutos y me quedé sola con el mundo vivo y mortal del hombre que había idealizado por tantos meses.

De ahí en adelante me sumergí por completo en ese todo que se multiplicaba en objetos, olores, colores y temperaturas para explicar la realidad concreta del diablo que hasta hacía unas horas me había cubierto de besos. Me sentí fascinada y temerosa, como una ladrona que de tan fecundo tesoro no sabe qué robar. Paseé la vista golosa como una máquina incisiva por los anaqueles llenos de libros sobre teatro, literatura clásica y contemporánea, historia, política, socialismo, arte y música. Todavía con mayor escrupulosidad, revisé las fotografías que contaban sus íntimos momentos familiares. La pareja dándose un beso en una montaña nevada, el niño montando en bicicleta, la familia completa en un parque de diversiones, ellos y un grupo de amigos en alguna playa mediterránea, y una imagen que me llamó la atención en la que él, en un plano muy cerrado, mira a la cámara con los ojos agrietados, como si estuviera a punto de llorar. Nunca vi en su expresión tanta fragilidad, y este fue tal vez el navajazo que remató la serie de punzones que me provocaba cada encuentro con esos pequeños episodios de su vida privada de la que me sentía más excluida que nunca.

Ella volvió al rato, como si intencionalmente me hubiera obligado a apreciar el ancho y las bondades de su hogar. Parecía relajada y cómoda, dueña de su casa cálida y olorosa a almendras tostadas. Me ofreció algo de tomar. Yo necesitaba un trago fuerte, pero fui incapaz de sugerirlo; afortunadamente, fue ella quien tentó mi desazón con una ginebra. Me invitó a seguir a un comedor auxiliar que daba a un amplio jardín, un piso más abajo. El cuadro de la familia perfecta iba comiéndose a tarascadas mis pocos recursos para sonreír con naturalidad, pero el alcohol, caritativo, me dio su mano engañosa por lo menos para creer mantener mi cara en su puesto. Mientras preparaba los tragos, ella hablaba despreocupadamente sobre su afición a la cocina y se refirió a esa sopa de ajo y col como el plato predilecto de su esposo para después de una buena trasnochada. Cada vez que ella se refería a él por su nombre de pila, la sangre se me mezclaba con veneno y me pegaba de ese vaso de ginebra como si fuera un antídoto infalible. Por momentos no la escuchaba, el sonido enmudecía y mi atención sobrevolaba el exquisito aleteo de sus manos pulcras y arregladas, su figura de bailarina, el color aceituna de su piel y esa gracia refinada tan propia de las mujeres interesantes. El audio volvió cuando me dijo «quiero mostrarte *nuestra* casa».

Empezamos el recorrido por el comedor que quedaba en el mismo piso del salón principal. Ni los muebles ni los adornos eran ostentosos, el único lujo del que parecían jactarse era el de aprisionar entre sus maderos y tapicerías toda una vida llena de significado. Yo la seguía, como un reo sigue a su carcelero, vencida. «Ésta es la habitación de *nuestro* hijo», «ésta es *nuestra* habitación», «éste es el estudio de *mi* chico», «ésta es *nuestra* casa». Por un momento sentí que formaba parte de una sesión de venta de finca raíz. Sin embargo, no percibía en ella esa desesperación innata del vendedor, sino una franca exposición escenográfica de su historia de familia. Los silencios se convertían en cortantes filos, al borde de los cuales ambas manteníamos un equilibrio forzado pero indispensable para entender el verdadero lugar de cada una. Confirmé su calculada intención cuando, al volver a la terraza, me cerró el gaznate el sonido de la puerta principal que se abría. Él acababa de llegar. Ella no se movió, me miró disparándome sus ojos, dos balas negras, frías y certeras. «Pero ¿qué haces aquí?», preguntó desconcertado el recién aparecido. «La he invitado yo, pero ella ya se marcha y tú la vas a acompañar a tomar el tren», respondió sin darme chance. Este fue el cierre lapidario del capítulo. Su mujer había concebido un plan magistral, doméstico y eficaz para hacerme saber, sin acudir al melodrama, que yo no tenía nada más que hacer, ni en esa casa ni en sus vidas.

Me parecía que no llegaría nunca a este apartamento, lo único parecido al abrazo que tanto necesito. Resuena su incongruente pregunta: «¿Cómo te pareció la casa?», y mi mudez obcecada, que terminó por responderle llorando como los huérfanos que no tienen derecho a pedirle a nadie que haga las veces de su padre o de su madre. Él nunca prometió nada, no me había mentido; yo, en cambio, había caído en mi propia trampa.

Llevo horas escribiendo. Hasta ahora no he encontrado otra forma de sentirme viva que no sea a través del sufrimiento. Según parece, me procuro placeres que desemboquen en esta sensación de que no me corresponde ningún espacio en este mundo. Sin embargo, una terquedad ajena a mis razonamientos me ordena cumplir la meta que me prometí lograr como actriz, y me hace sospechar que aún hay un lugar para mis restos. Nunca creí que existiera una técnica para hacer uso del teclado emocional y sensorial que poco a poco voy afinando con más precisión, para convertirlo en mi herramienta de trabajo. Mañana pondré mis lágrimas al servicio del entrenamiento.

He vuelto al estado anterior a todo lo que soy. Floto en el primer recuerdo de haber sido. La voz que me guía en el laberinto de este sueño dividido en capítulos parece haberse ahogado conmigo en el agua oscura del fondo, antes de impulsarme al techo del vacío. En este sueño morí de asfixia y resucité en un pasado casi extinguido. Estoy viajando hacia atrás en la máquina del tiempo, durante las noches el sueño me rescata para consolarme, o para darme explicaciones por las cuales ruego con todo mi ser. Así me expandí como la niebla por todas las estancias del palacio que alguna vez fue mi casa, ahí fui engendrada en la víscera limpia de la reina de oro, a quien no puedo distinguir a través del velillo de madejas opalinas. Cuando pregunto por mi relación con ella obtengo una visión de espanto. Soy una niña muy pequeña y me cuidan los sirvientes de la reina, soy consciente de la presencia de varias personas mayores alrededor de una mujer corpulenta que me lleva en brazos a lo largo de los túneles subterráneos y húmedos del mayestático castillo. El grupo avanza por los surcos estrechos como huyendo de un depredador, tiene una misión donde yo soy un objeto de valor que deben proteger o llevar hasta cierto lugar. Siento la vibración de mi cuerpo reducido a un ovillo gelatinoso contra el ancho plexo solar de la mujer hercúlea que corre afanosamente, aturdida por los ecos de la tempestad que nos espera del otro lado. Todo el firmamento está encendido por los rayos que castigan el negro púrpura del cielo con crueles latigazos. Pregunto a la voz: «¿Para dónde me llevan?», pero la voz no responde y me despierto.

No he querido escribir desde el lunes pasado. En mi fondo hay sólo arena. Esta semana, sin embargo, no falté a clase, a pesar de que no he tenido ganas de ir. No he sido capaz de salir al frente, como lo hacen mis valientes compañeros, a quienes ya empiezo a admirar como si fueran estrellas. Mi profesor es la única razón por la que continúo en esta ciudad. Para nosotros es una especie de gurú a quien quisiéramos complacer a toda costa. O tal vez hablo sólo por mí. Quiero que vea que soy la mejor de todos, que me dirija con frecuencia la palabra, que celebre mis ocurrencias y valore los riesgos que corro en los ejercicios, pero me he cubierto con una manta opaca que me ha hecho imperceptible para él. No se había ocupado de mí hasta hoy, cuando al final de la clase me saludó brevemente y no pude responderle. Un nudo me estrujó la garganta y salí haciéndole un gesto con la mano, como diciéndole que era incapaz de hablar. Es un hombre misterioso, mi maestro. Tiene el pelo blanco, pero es muy joven. Se sienta en un rincón del salón y desde ahí dirige la orquesta que formamos todos, ensañándose a veces con instrumentos de los que obtiene sonidos nunca escuchados.

Lo ha hecho conmigo varias veces, siempre partiendo de un punto de memoria personal. Cuando por fin da con el tono deseado para su experimento, ordena la liberación del texto, uno o varios parlamentos que debemos tener memorizados, para utilizarlos cuando él exclame: «¡Texto!, ¡ahora!», y entonces viene el momento más amado por todos los actores que confiamos en este tipo de escuela. Ese presente irrepetible, en el que las líneas aprendidas están en perfecta conexión con nuestra emoción, donde no pensamos, y las frases vienen naturalmente como si las estuviéramos inventando ahí mismo; así nos conduce nuestro maestro, con una destreza sabia hasta el punto en el que nos sentimos el médium del escritor. Es un instante místico, de conversación con el arte del autor, del compañero (si el ejercicio es colectivo) y el nuestro, que se traduce en no juzgar el resultado de lo que estamos haciendo. En ese momento, entiendo lo que es no actuar mientras poseemos el personaje. Ahora percibo la máscara que todos usamos para parecernos a nosotros mismos. Esta semana he sentido mucha angustia, me miro como una caracterización de mí misma y no me reconozco. Tengo un yo para andar por la calle, con una forma de hablar y de comportarse creada a partir del artificio genético y social. Ese ser puro que nuestro maestro nos hace tocar es el que se multiplica en los *yos* que queramos. Me confronto con la mentira cotidiana metida en este cuerpo que curiosamente no desprecio al convertirlo en el instrumento del milagro artístico. Cuando me entrego a los ejercicios en clase, soy más real que en la vida que vivo a diario. El verdadero ser es una sustancia abstracta, ni siquiera es un yo, pues eso es ya una instancia concreta; el yo de cada día es una escogencia de la mente, probablemente la más contra natura de todas. Ese espacio, donde no dirigimos los pensamientos, donde ni siquiera pensamos, es el preferido del artista, y es en ese lago de plata donde el actor se olvida de que es actor.

He arrastrado el alma para obligarme a ir a las clases de flamenco. Siento que tengo derecho a pedir prestada, aunque sea, alguna tonta alegría de vivir.

Llevo muchos días sin que nada me inspire ni una letra. Cargo conmigo misma como con una hija paralizada, incapaz de desplazarse normalmente; me estorbo, me exasperan mi melancolía y esta zozobra permanente de no saberme; deambulo por el laberinto de mi mente como una niña abandonada; me asustan los ecos de mis pensamientos, que parecen enjuiciar mi decisión de haberme ido de Colombia y de no haber podido ajustarme a ninguna atadura. Miro el mundo que me rodea y todo en él me parece hecho de polvo, un conjunto de figuras a punto de desvanecerse. Somos muchos en este planeta, muchos en esta «tierra girando alucinada como un trompo gigante de la nada» (tango de Cátulo Castillo), con esta ultrajante voluntad de seguir existiendo, aunque en el fondo, a pesar de todos nuestros dioses, no sepamos por qué. La luz que siempre veo al final de este túnel que transito diariamente es la perseverante certeza de que debo continuar en la escuela. Mi maestro actúa en mi lucha ordinaria como un faro inamovible, que ni aun en medio de la borrasca pierdo de vista. Con la excusa de convertirme en una actriz más sincera, me está llevando por un camino alterno cuyo trazado sólo puedo reconocer yo y que parece conducir al fondo de lo que somos todos. He podido ver en mi propia confusión el origen de la escena humana, que al fin y al cabo es una sola, donde la barbarie, la miseria, la compasión y la redención se combinan en una danza eterna de trágica justicia.

Me han propuesto actuar en una serie de televisión basada en la vida de un torero. Mi personaje será el de una rejoneadora española que se apasiona por él. No tengo muchas ganas de aceptarlo, pero mis ahorros se están acabando. Debo reunir un poco más para terminar de financiar mis estudios aquí.

El hombre del teléfono reapareció después de muchas semanas de silencio. Me alegré mucho. Otra vez volví a sentir que me rescataba en medio de un vuelo fatal. Es un hecho que nos veremos en el verano. Le conté que voy a trabajar a Colombia. Faltan dos meses, empezaré a finales de junio.

Hoy es domingo; acabo de llegar de un paseo que hicimos todos los alumnos de clase a la casa campestre de uno de ellos. Invitamos a nuestro profesor y haberlo tenido tan cerca fue extrañamente revelador. El respeto que siento por él es incómodo. Sostenerle la mirada me cuesta un trabajo salvaje, no sé con exactitud qué es lo que temo que descubra, si ya de hecho me conoce tanto a fuerza de lidiar con mis demonios que salen en los ejercicios que él timonea a su antojo. La distancia entre la alumna y el profesor es insalvable. Hoy, que lo tuvimos sentado en la sala de la casa, como un huésped más, me resultó imposible relajarme; creo que nos pasó a todos. Queríamos impresionarlo de algún modo, y por mi parte no encontré más herramienta que la adulación. Fue una reunión rara, no pudimos distraernos, terminamos sentados en el suelo a su alrededor, mientras él, en una silla, trataba también de actuar como alguien común y corriente. Sus movimientos, sin embargo, me parecían calculados, sentado correctamente, como si esa consigna suya de «estar en el aquí y ahora» fuera para él una ley de la cual tuviera que estar consciente, haciendo un esfuerzo. De esta forma, posaba la mirada sobre cada uno de nosotros con una intensidad casi fuera de lugar. De repente, pasó algo inesperado: en el salón cundió un silencio grueso, parecido al que antecede las catástrofes o los milagros, que fue roto con un súbito «¡Ja!» que nuestro líder arrojó en un tono teatral. Nosotros, sorprendidos, intuitiva y mecánicamente repetimos en coro «Ja». Luego siguió él, entonando diferentes tesituras de ese mismo *ja* y nosotros, a nuestra vez, tratando de imitar esas variaciones. Mientras esto sucedía, aunque yo formaba parte del coro, me sentí totalmente ridícula y desolada al ver que nuestro paseo se había convertido en un ejercicio de clase. Los *ja* terminaron multiplicándose hasta que se volvieron carcajadas altisonantes que no terminaban de ser la consecuencia de algo divertido. El grupo se unió en un histérico «jajaja» que no pude seguir. Me parecía estar en una escena surrealista, al ver a nuestro maestro metido en su buzo gris de cuello alto, con sus gafas casi transparentes, su pelo liso plateado y esos ojos claros, pequeños y devastadores, disociado de la risa que su vocación de guía insistía en inducir. Después del extático momento, el *jajajeo* se fue apagando y el silencio que sobrevino fue elocuente. Mi ansiedad no cesó, pero de algún modo me alivió que aquella liturgia hubiese terminado y regresáramos a ser personas sencillas que se reúnen en una casa a conversar y a comer. La velada terminó ahí. Todos sentimos que era hora de volver a nuestras casas. Ninguno de nosotros hizo alusión a ese imprevisible momento y nuestro profesor tampoco. La sensación que me dejó fue bastante parecida a cuando uno se acuesta con un desconocido y, luego de terminada la faena, el implicado se levanta y se va, sin tener nada que decir. Es posible que mi actual estado de ánimo haya influido en esta interpretación. Quizá sólo estoy celosa porque mi maestro no me dirigió la palabra ni pude tenerlo para mí sola.

Estoy derrumbada. ¡Creo que hoy ha sido mi peor día de clase! Mi maestro se cansó de mis pataletas; no pude entender lo que quería que hiciera y armé un berrinche desproporcionado para tratar de llamar su atención. Me paró en seco y me dijo «Yo no soy tu terapeuta; si no quieres hacerte responsable de este ejercicio es tu decisión, pero no voy a perder el tiempo contigo ahora. Que pase el siguiente que tenga monólogo listo». ¡Y me tuve que ir! Odio este momento de mi vida, siento que no sé cómo ser yo misma. Me llegó hondo eso de «yo no soy tu terapeuta»; es inevitable pensar que este entrenamiento está actuando sobre mí como una terapia, pero como pasa en todas las terapias, hay un punto donde se viene abajo el andamiaje de la personalidad que hemos inventado para defendernos de nuestra verdad interior. Los pedazos de esa corteza están hechos trizas. La persona que he armado tiene como objetivo no sólo agradar a los demás, sino fascinar, impresionar y encantar a toda costa; he fracasado aparatosamente. Veré qué puedo rescatar de todo este desorden. Algo sí permanece anclado en el vacío de mi espíritu: mi convicción de continuar estudiando y aguantar todo el palo que mi maestro considere necesario darle a mi ego.

Recuerdo un pequeño capítulo con mi psicoanalista de la niñez y toda la adolescencia. La misma que llamé cuando me quería matar por el amante. Fue mi primer día de consulta. Llegué a su apacible consultorio, ubicado dentro de un condominio en las afueras de Cali. Me acosté en el diván que me señaló y luego nos quedamos en silencio por muchos minutos. Yo no sabía qué debía decir o hacer. Empecé a mirar la cascada de veraneras rosadas que golpeaban la ventana, agitadas por la cadencia de la brisa, también a oír el poderoso graznido de las chicharras y me acordé de que alguien me contó que cantan hasta reventar. Eso me llevó a pensar en la muerte. Cantar hasta morir. «¿Quién es usted?», preguntó la voz detrás del diván. No pensé mucho. Respondí que era muy buena estudiante, que sacaba cinco en todo; además «sé bailar, sé cantar, sé tejer y sé dibujar». La mujer replicó después de una larga pausa: «Antes que todo eso, usted es una niña», y terminó la sesión.

Ahora veo que desde chiquita tengo problemas siendo.

No escribir es señal de que he estado entretenida. Fui al cine a ver *El cocinero, el ladrón, su mujer y su amante*, de Peter Greenaway; he seguido yendo a mis clases de flamenco, y todos los alumnos del curso asistimos a la premier de *Las mejores intenciones*, una película sueca dirigida por Bille August, con guion de Ingmar Bergman. En esta obra maestra se suceden tres horas tortuosas de un drama muy denso, lleno de venas delgadas por donde corren sutilmente ríos de sufrimiento, confusión, amores mal entendidos, mal sentidos, horribles abandonos y traiciones, representados al milímetro por los actores de esta compañía sueca. Nuestro maestro nos invitó a observar con mucho detenimiento el manejo de la pausa durante los diálogos, la importancia del que escucha, de lo que no se dice. Nos enseñó cómo la magia y la profundidad de una escena no radican en el texto aprendido de memoria, tampoco en el solo hecho de entenderla, sino en saber perderse en lo que da el compañero.

Al día siguiente, la sesión de clase se concentró en unos ejercicios por parejas, muy peculiares, que consistían en mirar con todo detalle a quien teníamos enfrente. Mirar con completa entrega, contando hasta los pelos de sus cejas, ubicando las marcas mínimas de su cara; una mirada cruda y netamente física para estar totalmente presentes en ese acto, sin pensar en nada más. Los entrenamientos con mi maestro son extenuantes. Su método es descarnado y revelador de realidades internas que, al servirnos para descubrirnos como personas, nos obliga a no mentir como actores. El actor que pretende comunicar verdades humanas no debe actuar. Hace de su instrumento un medio para que el ser se exprese totalmente a través de la caracterización de un personaje. Estos tecnicismos sólo los comprendo cuando logro un instante santo durante algunas de las escenas que elijo para trabajar en clase. Qué poco he mirado las cosas de este mundo por andar pensando.

Hoy es jueves, un día que desde hace tiempo ha perdido completamente su atractivo. En Cali, el sensual jueves era el guiño del viernes, ya se sentía en su transcurrir la complicidad con la fiesta y el baile en la discoteca, maravillas del fin de semana. Eran los días en que la brisa de las cinco de la tarde se hacía más coqueta, y más verdes las ceibas de los parques, y más olorosas las calles a mango y a cadmio. Acá el jueves es una tenaza de metal frío que sujeta al viernes, al sábado y al domingo en un solo abrazo de alacrán, suspendiéndolos sobre un hueco. No se ve nada.

Me la he pasado leyendo un libro horrible. Su autor es un señor mayor, homosexual, que ha tejido una historia alrededor de la vida de una diva, cantante de coplas. No sé por qué lo tengo. Creo que se le quedó a alguien. Todo su lenguaje es un reguero de plumas con babas.

Me ha llamado el amante. Estoy helada. Me invitó a cenar con un amigo suyo. Qué puntillosa su sincronía con el hombre del teléfono, quien hace mutis por el foro precisamente cuando él entra en escena. Qué más puedo hacer este sábado desalmado sino aceptar la limosna que me ofrece, sin habérsela pedido, a pesar de necesitarla con todas las fuerzas de este desamparo. He retrocedido varias semanas para ubicarme en nuestro último trayecto juntos rumbo al metro; yo, llorando a mares, gritándole «¡imbécil! Sólo un imbécil como vos me busca teniendo semejante mujer». Claramente, la verdadera imbécil la tengo aquí mismo, frente a mí, en el espejo, otra vez desbaratando el clóset para ver cómo se adorna para su próximo sacrificio. Ay... Creí que no volvería a verlo. Pero una de dos: es esta cena sin madre, o cinco kilos de churros con chocolate aquí encerrada. Qué más da, ni yo misma me acordaré de mi deshonor cuando vuelva a Colombia y lo sepulte bajo los ojos del hombre del teléfono.

«Colombiana, te estoy esperando», dice mi citófono. Me gusta tanto la ronquera de este hijo de su madre, dios mío, que beso el parlante y lo dejo manchado de colorete rojo.

Son las 5:37 a.m. Estoy mareada. Nunca he besado ni me han besado tanto en una sola noche.

Cuando bajé a la portería del edificio, él estaba ahí, detrás de un reflejo de neón, muy cubierto con un abrigo negro largo hasta el suelo. Tenía las manos en los bolsillos y me clavó los ojos como siempre, a traición y con inquina, mientras yo hacía, por el largo corredor, una pasarela trémula pero sin torcer el rumbo, directa y fatídica hacia él y su noche. Abrí la puerta de cristal y el aire inmóvil hizo fuego con nuestro abrazo. «Me haces falta, niña», me retumbaba en el oído el suspiro abrasivo; el incendio había sido debidamente iniciado y la hierba estaba más seca que nunca.

En el carro nos esperaba otro amigo suyo sentado en la parte trasera, un hombre claro de unos treinta y cinco años, la misma edad de mi torturador, quien con certeza había presenciado nuestro emotivo saludo, por lo que era evidente que le haría la segunda a su compañero. La presencia de este nuevo personaje me resultó incómoda desde el principio. Era claro que ese par se conocía de toda una vida, pues por momentos manejaban ciertos giros de palabras y señas, al parecer, parte de una combinación privada e inaccesible para mí, que de repente les provocaba unas carcajadas imparables. Madrid desfilaba veloz y candente frente a la ventana del automóvil, mientras yo, excluida de la risa de los dos compadres, me recostaba en un silencio interrogador. ¿De qué irá esto?

No disfruté la cena, aunque sirvieron angulas, chipirones, almejas, merluza a la plancha y otras delicias. Bebimos vino tinto y, al final, una ginebra para cada uno. Los dos hombres se enfrascaron en una apasionada conversación sobre política de la cual no quisieron salirse. Lo único que me quedó muy claro fue el peralte socialista de ambos y su pasado de marchas, luchas y manifiestos. Me sentí incapaz de intervenir, mi desinformación era total, incluso hasta el penoso nivel de no saber ni qué preguntar.

Había resistido más de dos horas, sedienta de alguna señal, alguna clase de latigazo que sacudiera aquel estado viscoso, algo que le diera sentido a mi presencia en esa bochornosa mesa para tres. Me sentía agotada de actuar, me dolía la cara, encalambrada de tanto sonreír a la fuerza, estaba hasta la madre de aparentar entender lo que para mí ya se había vuelto un galimatías de términos sindicales, groserías e imitaciones de personajes del mundo conocido de esos dos y de toda España. Pero hasta la fatalidad llega en forma de caricia para los que piden a gritos morir de cualquier manera. El hombre que me estaba llevando al borde de la inanición amorosa pidió la cuenta; un sorbo de coñac le quemó el pañuelo de los labios que se sonríen solos y atizó con fuerza el fuego negro, desde donde me miró, por fin, desarmado de verbo y de risotadas.

El amigo, cómplice, le guiñó el ojo al galán de la película con una malicia degradante y se retiró. Yo también estaba al tanto de lo contrahecho en toda esta absurda velada, y aun así me propuse empecinadamente extraer de su atmósfera azufrada el último resquicio de oxígeno para avivar la llama que todavía estaba azul. «¿A dónde me quieres llevar, mi niña?». Su pregunta sacudió mi deseo de ser raptada por él hasta llevarme a un lugar que no existiera en este mundo. Nos imaginé viviendo en un sueño, rezándole a algún unicornio para no despertarnos nunca. Le respondí como hacen los cobardes, con la misma pregunta: «¿A dónde me quieres llevar tú?». «A un sitio donde te pueda besar», me respondió con esas consonantes erizadas y sibilantes, pero sobre todo malvadas. No dije nada más y me dejé llevar, descansando bocarriba en el asiento del copiloto, tal como si flotara a la deriva de cara al sol, arrullada sobre el remanso de un río. Ignoré a la trepidante Madrid y a su marcha desbocada que arrojaba luces y semáforos contra los vidrios del carro. Me habían regalado un pedacito de luna y nadie me quitaría su resplandor miserable. Nos detuvimos en una calle desierta, muy cerca de un parque. Entendí que en esa cabina hermética ocurriría la escena de mi amor huérfano, sin nombre, sin honor, sin nido y sin futuro. Vencida, me abandoné a la derrota de mi orgullo con un deleite casi vulgar. Se abrieron los labios en sangre, se acometió el primer beso brutal, se forzaron los broches, se rompieron las ligas, se reventaron los cinturones, siguió el asma de otros besos dolientes y feroces. Nos agarramos a mordiscos y a golpes. No quisieron las horas esperarnos; se iban, una tras otra, como las ratas que huyen de un barco naufragando; así se fue el último despiadado minuto, dejándonos exánimes, destrozados, insatisfechos, cebados de impotencia. Nuevamente el alba, con su bata de muselina helada, se asomó pálida, lila como un muerto, anunciando la crudeza del día. Los cristales de las ventanillas proyectaban ante mis ojos un mundo borroso y sin ningún significado; mi amante ya había emprendido la huida hacia su planeta inalcanzable. Durante todo el trayecto sostuvimos, como dos equilibristas, un mutismo pesado y abismal, que ni siquiera intentamos llenar con frases de emergencia. Nos despedimos con un beso famélico, sólo quedaban huesos. Llegué a mi apartamento como si me hubieran violado. Sangrando y con la ropa desbaratada.

Hoy no he hecho sino comer. No sé qué hora es. El día se ha puesto un traje austero color pizarra, que en el fondo agradezco. El sol no les sienta bien a mis heridas en carne viva. Esta madrugada me bañé, me puse los pantalones más anchos que encontré, una camisa que le robé a mi papá hace como doscientos años y salí a comprar churros frescos a cuatro cuadras de aquí, el único sitio abierto el domingo. Compré un bulto. El vendedor aludió a que mi familia debía ser muy grande y que bien se veía que les encantaban los churros. «Sí, así es, somos muchos en mi casa». Salí de ahí con mi botín, agradeciendo ser un cero a la izquierda para los pocos transeúntes de esa hora, y bajo el abrigo la sensación vergonzosa de que iba a cometer un crimen. Me comí todo. Sola.

Escribo y borroneo. Se confunden en mi recuerdo los remolinos de la lucha de anoche, como si hubiéramos dado yo no sé cuántos botes en un grave accidente automovilístico, girando y girando, y hubiéramos sobrevivido. No lo celebro ahora mismo. Me siento ridícula y culpable en todos los sentidos. Qué patético entregarle a otro la causa de la felicidad propia. Ser feliz tiene que consistir en algo más que ser correspondido por nuestro objeto de deseo. Algo me dice que si él lo dejara todo por mí, mi baja autoestima lo echaría todo a perder. No podría cargar por mucho tiempo con la sombra de la mujer que lo conoce más que nadie y que me parece, por mucho, mejor mujer que yo. Recuerdo una frase vulgar, trillada y desgraciadamente acertada que le oí decir a él mientras conversaba con uno de los productores de la serie que filmamos: «¿Para qué buscas hamburguesa afuera teniendo solomillo en casa?». Siempre que estamos juntos pienso en el solomillo y la hamburguesa, la grosera comparación con la carne, la mujer y la carne, la carne buena, la carne mala, mi carne mala, mi carne y mi amor propio molidos. ¿Qué estará pasando con él a estas horas? Seguramente duerme en paz. Me hierve la sangre de tanto extrañarlo y detestarlo. El enamoramiento es lo más parecido al odio. Debajo del falso ídolo en que convertimos a ese otro que nos fascina, yace quieto y alerta el océano subterráneo de nuestras lágrimas, previamente lloradas fuera de la conciencia, por una soledad anterior a cualquier desamor ajeno. Lo que lloramos en el presente es, en realidad, el desamor hacia nosotros mismos; odiamos en el otro nuestra propia incapacidad de amar, pero en nuestro amañado libreto el victimario que hemos escogido como contraparte debe tener la culpa, para librarnos así de toda responsabilidad sobre nuestra infelicidad. Ser la víctima tiene su atractivo. El amor, no sé qué es, pero no tiene cara de ser esto que me inspira este hombre ni lo que venden en los boleros que canta mi papá.

De toda esta teoría, mis tripas no han aprendido nada.

Soñé otro tanto. El mismo sueño que me está contando una historia lejana de una princesa, al parecer, desheredada. Algo tendré que ver en esta película de suspenso que no sé qué demonio psíquico decide mostrarme cuando duermo, sólo cuando se le antoja. El horario de proyección está calculado según su voluntad, que no es la mía. Pero soy yo la que sueña. Qué terrible prodigio es esto de creer que somos un *yo*, mientras hay otros tantos habitándonos sin tener en cuenta al oficial, al yo que saluda y se convence de que es alguien en esta vida. Tenemos un circo, o un oráculo instalado en un escenario perdido dentro de nosotros. Hay una parte de mí –o muchas– que no conozco que parece tener las respuestas a mis compulsivas preguntas, pero no se digna brindármelas sin tanto malabar, como si no estuviera preparada para conocerlas. Siento al testigo agazapado –¿el sacerdote?, ¿el dueño del circo?– bajo los arcos del sueño, pronunciándose con un ritmo extraño y sigiloso para anunciar un épico descubrimiento.

La mujer ancha que me lleva entre sus pechos avanza haciendo un esfuerzo de bestia espantada; hemos llegado al mar revoltoso y ciego, confundido con el cielo en una sola mancha negra. Oigo gritos y voces; muchos hombres que hablan un idioma gangoso repiten con violencia una sola palabra que suena como un golpe, parece que no saben decir nada más, no sé si ese golpe es mi nombre, pero dejan de pronunciarlo cuando me arrancan de los brazos que hasta hace unos segundos cubrían los senos que me protegieron del frío y el aguacero. No siento más el abrazo mórbido de la mujer que me trajo, ahora percibo el contacto de unas manos rugosas, casi congeladas, sonido de metales, cadenas, cerrojos, pisadas de hombres acostumbrados a la guerra y a la ira, hombres y más hombres voceando órdenes, mientras las olas, levantadas en crestas de acero, amenazan con aplastarlo todo. Observo lo que pasa con una visión de fantasma, soy yo la testigo que ve a los guerreros lanzar un objeto gelatinoso de escasos centímetros en el fondo de una caja de madera ya cargada con pesados grilletes; el mismo que le arrebataron a la esclava. Mi cuerpo, o algo parecido. Me reconozco en la criatura deforme desde mi posición espectral en este sueño. Nariz y boca atrozmente resumidas en una sola hendidura de carnes rosadas y granates, la cabeza enorme y angulada, el tronco, un apéndice inútil de aquel enorme casco. El barco zarpa a contramano de la ráfaga de lanzas y alfileres que la lluvia dispara, sin que su extravagante munición tenga avisos de agotarse. La caja de madera está cerrada esperando a la intemperie. Después de unas horas navegando, tres hombres la levantan y la arrojan al mar.

Haré el papel de una rejoneadora española que enamora a un torero en la serie que empezará a grabarse dentro de un mes y medio para la televisión colombiana. Contacté a una *coach* para que me ayude con el acento.

Acabo de llegar, completamente desilusionada. Mi primera lección ha sido un absoluto fiasco. Siempre me ha parecido que las madrileñas hablan como si lo estuvieran regañando a uno, y mi profesora no se quedó atrás. Tengo que decir que la señora no es que sea muy agraciada físicamente. Como si la hubieran empacado al vacío, su cuerpo tostado en cincuenta años de nicotina se disolvía en los volúmenes de un grueso suéter negro. Me abrió la puerta aspirando un cigarrillo de tabaco crudo a punto de apagarse, y a través de unos lentes de cristal muy denso me pincharon como dos agujas sus intensas pupilas de plomo. «Vosotras las sudamericanas os creéis muy sensuales con ese tono de niñas arrepentidas». Eso fue lo segundo que me dijo con su voz cavernosa después de «Hola, hoy no tengo mucho tiempo, ¿eh?». De entrada me sentí humillada y como pidiéndole un favor, pero aun así aguanté hasta el final sus comentarios amargos sobre la banalidad de «vosotras las actrices principiantes que vais de guapas por la vida». No creo que le interesara el dinero que me cobró por su primera y, para mí, última sesión de fonética, en cambio sí tener ese momento de sublime venganza contra su mohosa existencia, ese amargo goce que experimenta la conmovedora mediocridad al ejercer un poder amarillento, pero suficiente, para oscurecer las deportivas ambiciones de la gente afortunada. En mi caso lo logró, y con muy buena nota. Por la forma en que tenía dispuesto un viejo sillón frente a la chimenea en su piso de pocos metros cuadrados, la ausencia de fotos y un gato sonámbulo tan huesudo como ella, pude concluir que esa mujer hecha como de papelillo vivía más sola que yo.

Me quedaron muy pocas ganas de arrojar jotas desde las paredes del esófago, silbar las eses y meter la lengua entre los dientes para decir *zozobra* y *cereza*. Creo que mejor estudiaré lo del acento con uno de mis compañeros.

«Mujer, quiero verla, pago por saber de qué clase de azul le pintaron el iris de los ojos y si es verdad que usted existe como la gente normal». El hombre del teléfono casi me acarició el oído cuando me saludó con esa melodía después de no sé cuántas semanas de silencio total. Yo me puse muy contenta de pensar en que quizás no le había parecido bruta. Luego dudé, pues el tipo sólo se refiere a mi belleza; sin embargo, me sirvieron el halago, la llamada y su voz de saxofón, por la razón que fuera (creo que en esta tesitura me pueden mentar la madre y quedo de lo más feliz). «Mirá, y yo que pensé que te habías aburrido porque no he leído tantos libros como vos», me arriesgué a comentarle en caleño, mi acento natural, y el que uso cuando me siento a gusto. «Pues yo por leerla a usted cambio todos los libros de este mundo». Como no pude seguirle el ritmo a su metáfora con más salidas, le conté en plan muy cotidiano que viajaría dentro de un mes y que era el momento perfecto para conocernos en persona. El hombre dice «pero le advierto que me la voy a robar». Y yo seguí muy compuesta en mi onda realista, refiriéndole como una secretaria el plan de mis dos meses de trabajo en Bogotá, mientras me salía humo rojo por todos los poros. Quedamos de vernos a mediados de junio; él me recibiría en el aeropuerto. Durante toda la conversación, este hombre de verbo maestro echó mano de toda una artillería de símbolos para erotizar a una mujer de veinticinco años como yo, joven, mal amada, sexuada, necesitada y, además, en pleno bazar estrogénico. Cuando colgué el teléfono, me estaba trepando por las paredes imaginando casi una misa de amor, oficiada en mi honor por este sacerdote salvaje el día en que por fin estuviéramos juntos. Por el momento, sólo tenía una imagen muy ruidosa de su apariencia física. Le conté a mi mamá lo que estaba pasando con esta persona tan singular. Ella sabía perfectamente de quién se trataba y me mandó una foto que encontró en una revista. Lo curioso de la foto es que sólo sale la mitad de la cara. Rasgos claramente indígenas, piel y pelo oscuros, lentes grandes, cejas grandes, boca grande… y hasta ahí. En este primerísimo primer plano en blanco y negro la imagen se ve arenosa. Un solo ojo, puntudo y mordaz.

Querido… (hombre del teléfono):

No te imaginás cómo me pongo de nerviosa al escribirte, pero tengo que confesarte que desde que empecé a comunicarme con vos mis días aquí son más llevaderos. No soy muy buena existiendo, la verdad, y llega un momento en que todo el mundo me parece imaginario, hasta yo misma. Tu voz es como esas canciones de las que uno puede vivir meses enteros, o quizás toda una vida. No entiendo a veces esos revoltijos de cosas que me decís, pero la musicalidad de las palabras que usás atrapan más mi atención que el contenido, aunque a veces te la gastés en piropos, eso sí, los más originales que he oído; en algo no te parecés a todos los hombres que quieren levantarse a una mujer. Espero que tus largas desapariciones no signifiquen que te desilusionás y luego te arrepentís de dejarme tirada, porque yo sí que tengo mucha ilusión de conocerte personalmente. Me halaga que un hombre tan genial quiera cruzar unas palabras conmigo, y más confirmando que no he leído lo que debería, para poder conversar. No me gustan los periódicos, casi no logro concentrarme en la vida real, por eso no puedo seguirte cuando atiborrás nuestros diálogos con temas de actualidad y nombres de funcionarios del gobierno; aunque me pego unas elevadas tenaces, por dentro, allá en estado de «domingo por la tarde», y aunque parezca levitando, siento mucha angustia y vergüenza. Gracias por hacerme reír tanto, sobre todo después de gritar toda la tarde en mis ejercicios de clase. Estoy muy feliz de haberte conocido. Te veré pronto.

Le he enviado muchas cartas como ésta, pero me da pereza transcribirlas; la carreta es larga e insulsa.

Mis preparativos para viajar a Colombia van a todo vapor. Mi ánimo está por las nubes. Me levanto temprano a correr una hora y voy al gimnasio.

Ahora que filmaré la nueva serie y conoceré al hombre del teléfono, con mayor razón me importa cómo me veo, pero sobre todo cómo me siento. Sin embargo, mi relación con mi cuerpo sigue siendo martirizante. Sólo me gusto cuando me siento delgada y aquí he ganado por lo menos cinco kilos. Me confundo mucho con la comida: a veces como demasiado y pura basura; otras, nada. Me mantengo en un sube y baja permanente, un día me gusto, al siguiente me odio, y así. Hoy, por ejemplo, me veo más cachetona. Detesto mis cachetes. Tengo todavía veinte días para desaparecerlos, y el aliciente de mi nuevo papel y mi enigmático pretendiente me ayudan a cerrarle el pico al monstruo devorachurros que vive dentro de mí.

Hoy, por lo menos, me divertí en clase. Hicimos varios ejercicios para estimular la memoria sensorial. Uno de ellos consistió en escoger cualquier sensación agradable y recrearla al extremo. Yo me imaginé dentro de una bañera llena de agua caliente. Guiada por mi maestro, debía recrear el contacto de todo mi cuerpo con el agua y el jabón, los olores, la temperatura de la habitación y el color de la luz, empezando por las yemas de los dedos de los pies y así, hasta la punta del pelo. Las sensaciones van provocando a su vez reacciones y éstas se deben expresar con la voz, con el gesto o, si se quiere, con palabras inteligibles o inventadas. Lo más importante de todos estos ejercicios es no conducirlos intelectualmente, no pensar, estar muy en el presente para que se vuelvan una cadena de movimientos orgánicos y fluidos. Debe ser que estoy estimulada por mis nuevas fantasías y por la proximidad de mi viaje. Me sentí libre, me dejé llevar por las visualizaciones que iba creando, como si estuviera drogada o borracha. Terminé tirada en el piso, extasiada, mirando el techo del estudio como si fuera un cielo limpio y azul, el mismo azul con el que me pintaron el iris de los ojos que mirarán frente a frente al hombre del teléfono.

La perspectiva de volver a mi país a vivir nuevas aventuras ilumina mis días y los llena de sentido. He vuelto a bailar frente al espejo y sigo yendo a mis clases de flamenco; eso sí, sólo he conseguido aprender los pasos reglamentarios de las sevillanas. Incluso recordar los desplantes de mi amante me produce un dolor sensual, casi placentero, pues al combinarlo con la gentileza inteligente del hombre del teléfono se produce un coctel agridulce muy excitante. Las mujeres, después de todo, somos fáciles. Hoy es jueves, iré con algunos compañeros de clase a bailar a un sitio de salsa.

La noche de salsa resultó muy motivante. Sonaron muchos clásicos de El Gran Combo de Puerto Rico que, apenas oí, me levantaron del asiento y me pusieron a bailar sola en la pista como una quinceañera.

Nací en Cali, Colombia. Para los caleños, bailar al compás de los tambores y los cencerros es más importante que caminar, gracias a las herencias que dejaron en nuestras venas la raza negra y el *mulataje* apasionado; cada punto de los ritmos que bailamos alude a nuestro indiscutible ancestro africano. Mis hermanos y yo crecimos bajo el cuidado de mujeres negras, monolíticas, esbeltas, temperamentales y de dientes blanquísimos, que nos contagiaban su lujuria milenaria por el baile. Tan original como su sazón saturada de cilantro y pimienta era su modo de combinar los pasos a pie descalzo sobre las baldosas del patio. Sonreímos cada vez que oímos un tambor, y en Cali se oyen en cualquier esquina. Los negros bailan en las calles, en las ferias y discotecas, y nosotros, de rodillas ante esa expresión de libertad y alegría esencial, nos mezclamos con ellos, aprendimos a mover las caderas y también a cocinar con sus sabores embrujados. Esa síncopa de condimentos y cadencias se volvió necesaria para sonreír. Yo bailo cuando estoy feliz, para sentirme feliz, y también cuando imito la felicidad. Anoche me sentí igual que en el ejercicio de la tina: libre. Bailé como la más fanática de las creyentes en un servicio evangélico. En medio de esta purga se me acercó un hombre joven, fornido, color terracota. «Vaya si estás sofocá, muchacha», me dijo con un acento tropical mientras se apoderaba de mi cintura con esa soltura respetuosa, tan característica de los buenos parejos de baile. Esa fue la mejor parte.

Resultó ser puertorriqueño y un bailarín bastante serio. Toparse con el *partner* perfecto para bailar salsa es igual que medirse un vestido que le queda a uno como si se lo hubieran pintado sobre el cuerpo. Es aquel que sabe agarrar sin apercollar, que baila en silencio, que conduce con firmeza pero sin brusquedad y que además es creativo sin excesos de coreografía. Esa clase de bailarín me salió al encuentro anoche. Fue como si a la loca histérica del manicomio la hubiera atendido de urgencia un enfermero valiente, que logra calmarla poco a poco con la dosis perfecta de pentotal. Bailamos sin dirigirnos la palabra hasta que el lugar quedó vacío. No sé en qué momento se fueron mis compañeros, el caso fue que me quedé a expensas de este desconocido, que bien habría podido salir violador, pero su forma gentil de deslizarse por la pista de baile bastó para infundirme una confianza súbita hasta el punto de dejarme acompañar por él en un bus municipal, de madrugada, hasta mi guarida de la calle General Varela, que dicho sea de paso, encontramos plagada de prostitutas (mi esquina resultó ser su zona preferida).

Quedé con el puertorriqueño para el próximo viernes.

¡Dios! Han empapelado Madrid con avisos en los que anuncian una gira de conciertos por toda España con el protagonista de mi canción *Ay, mi amigo.* Camino sola por las calles ardientes y esos avisos me miran, me persiguen dondequiera que voy, demostrándome que el pasado a veces no es un recuerdo abstracto sino un cartel; no, perdón, miles de carteles de papel periódico pegados en los muros, con la foto de un muchacho de pelo largo cantándole al mar y al viento de la Sierra Nevada. ¡Me cayó la gota fría!

No he estado triste y por eso escribo menos. Creo que en el fondo me gusta sentirme desgraciada. La alegría no es agua profunda y, por eso, un estado poco inspirador. En estos días sólo pienso en la ropa que me voy a poner y en las milésimas de libra que he perdido. Paradójicamente, lo que me parece solo bonito me resulta aburrido. Lo bonito tiende a ser aburrido. No pasa así con lo feo y lo malo, porque son instancias menos anodinas, producen preguntas para indagar de dónde vienen, por qué existen. Lo convencionalmente bonito no despierta contradicciones, se acepta y se celebra con ese gesto aprobatorio más parecido al tedio y la apatía. Sin embargo, mi empeño por ser bonita según mis cánones es acucioso. No puedo vivir sin mirarme al espejo y someterme al juicio permanente sobre cómo me veo.

El hombre del teléfono es, sin lugar a dudas, una persona de excepcional inteligencia, soy una espectadora de sus frases ingeniosas, enmudezco ante su mente depredadora y veloz. No obstante, no hay una sola conversación en la que no se refiera a que él es feo y yo, bonita. He llegado a pensar que él exhibe su inteligencia con la misma superficialidad con la que yo exhibo mi belleza, de la cual dudo, así como él muy en el fondo debe dudar de la efectividad de su intelecto brillante. De otro modo no tendría tanto afán por hacer, frente a mí, alarde de sus alcances, con su calistenia de cálculos, pasajes de libros y jeroglíficos, así como yo, «tan bonita», no tendría por qué confirmarlo constantemente frente al espejo. Como hombre inteligente, sabe que para una mujer como yo, con cargos de reina de belleza en su expediente, el halago sobre su apariencia es especialmente infalible en el juego de la conquista, y concluirá que el elemento de la belleza es importante en mi escala de valores. Qué desolación parecerle sólo bella, mientras él despliega con una sutil crueldad su plumaje algorítmico, como si percibiera mi complejo de inferioridad y lo aprovechara para sentirse poderoso.

Hoy es viernes. Fue mi último día de clase y esta noche bailaré con mi galán boricua. Ordené mi apartamento, lavé la ropa y aspiré el polvo. Mis dos maletas, abiertas de par en par, están listas para cargar con los restos de este rocoso primer capítulo aquí en Madrid. Volveré exactamente en dos meses a continuar mi formación como actriz, pero ahora no quiero ni pensar en eso. Siempre me he burlado de los discursos nacionalistas, tan arbitrarios, soberbios e infantiles, tan representativos de un personaje colectivo inmarcesible que se jacta de haber nacido, como si de eso hubiera que enorgullecerse, en determinado lugar, y como si eso le sirviera para construir una identidad que lo hace más especial que al resto de la humanidad. Pero, ahora mismo, sólo imaginarme la colcha verde de la sabana bajo la barriga del avión volando sobre Bogotá me hace sentir niña otra vez, una niña perdida que encuentra, de pronto, a su mamá.

La tierra donde uno nace y el símbolo de la madre son lo mismo, y tal vez de ahí se desprenden esos sentimientos extremos, derivados de la aguda necesidad de pertenecerle a algo, de poseer un origen que tenga sentido, de provenir de un deseo consciente. En la tierra de uno están proyectados todos los gestos del amor y la generosidad maternos, sus frutos, aromas, sonidos, temperaturas. Ay, qué alivio siento al volver a ti, así no tuvieras nombre. Sólo me importa esta querencia, este regocijo inmenso pero íntimo, inconfesable, que no necesita comprobarse ni demostrarse, tan humilde que no aspira a desfiles marciales ni a cantarte himnos que no incluyan la tierna insignificancia de tus secretos.

Son las 3:24 a.m. Me duelen los pies, y gracias a dios no estoy tan mareada, pues sudé con mucha elegancia los rones tónicos que me tomé con mi nuevo amigo, el bailarín, nacido en San Juan de Puerto Rico. Todo iba muy bien hasta que nos montamos en nuestro juicioso bus municipal. No volveré a creer jamás eso de que si es buen bailarín debe ser también buen amante. Mi intención fue bastante casta hasta el final; bailar es una actividad tan plena que, en mi caso, basta y sobra, y no necesariamente deviene en algo más. Por fortuna, así fue, sólo que después de cinco minutos de trayecto el hombre se me mandó con un beso que más pareció el mordisco de un perro. Yo estaba distraída mirando por la ventana pequeñas escenas desgreñadas de la marcha madrileña. No sé si el galán boricua leyó mis repetidas celebraciones sobre su manera de bailar como una invitación a rematar en mi apartamento, porque con un impulso de toro me volteó la cara y me agarró la boca a lengüetazos. Mientras sentía dentro de mi garganta una especie de molusco convulsionando, envuelto en papel de lija, quise decirle «un hombre que baila con tanta sutileza no puede dar este beso tan burdo; no quiero imaginarme la carretera destapada que debe ser acostarse con vos». Le puse las manos en el pecho, como una heroína de historieta que detiene sola un tren que va a trescientos kilómetros por hora. «No puedo más, estoy muerta», le rogué, y puse la cara más muerta que tengo en mi repertorio de memorias sensoriales; y ahí, en el paradero de mi calle, terminó la fábula del talentoso bailarín que mató el hechizo con un mal beso.

Dentro de unas horas salgo para Bogotá. El hombre del teléfono me va a estar esperando en el aeropuerto. El plan es dejar mis cosas en el hotel y pasar con él sábado y domingo. Anoche cuando hablamos lo noté muy acelerado, me repitió muchas veces un pasaje de *La insoportable levedad del ser,* de Kundera, en el que una mujer saluda con un gesto de la mano muy gráfico e indescifrable al personaje principal desde el otro lado de una piscina. «Usted es como ella». Y se reía como un loco, pero un loco de verdad.

Ya se acabó agosto. No escribí ni una letra mientras estuve en Colombia. No estoy segura de si imaginé cada día que pasé allá, pero todos los recuerdos que me están acosando se parecen a los sueños. Igual, qué otra cosa puede ser el pasado sino uno de los inventos más sorprendentes del ser humano. No sé si estuve dos meses o una noche delirando sin haber salido nunca de este apartamento. El silencio, alerta como un animal nocturno y expectante, acecha detrás de todos los objetos intactos; el sofá cama, la mesa blanca de cuatro puestos, el cuaderno en el que escribo y el contestador del teléfono con un mensaje desabrido del amante, que movió levemente el aire impertérrito: «Hola, soy tu doctor. De paso por Madrid, quise sólo saludarte».

He leído todas estas notas y me veo penosamente ridícula en ellas. Estoy partida otra vez, lejos de Colombia y de todo.

Llegué a Bogotá a las dos de la tarde, después de diez horas de vuelo.

Mis manos me delatan; sudan de una forma vergonzosa, como si más que ser la manifestación de una emoción feliz, me estén advirtiendo de algún peligro indeterminado. En pocos minutos la voz del hombre del teléfono le pertenecerá a un ser real, y ya dudo de que sea una buena idea convertir las fantasías en realidades tan concretas. Los huesos y la piel no son para todos los encuentros. Tengo puestos unos bluyines desteñidos con el tiro hasta la cintura, que terminan en anchas perneras y cubren mis botas marrón de plataforma. Me he ajustado un cinturón de cuero fileteado con botones de plata y una hebilla grande con un león como escudo en el centro; un buzo negro cuello tortuga, una chaqueta de cuero verde oscuro con una gran solapa de un extraño material sintético esponjoso y, hundida en esa gran aureola de poliéster, he enmarcado mi cara, todavía muy redonda, con los labios pintados de rojo. Como conclusión de esta calculada presentación, la inconfundible rúbrica de todas mis apariciones importantes: el pelo, exuberante y rizado desde la raíz, desafiando la gravedad, como una gran explosión de fuegos artificiales. Posesionada dentro de este disfraz, camino por el interminable pasillo donde esperan al final los oficiales de inmigración. Mis nervios ya se han transformado en un terror indecible al primer contacto visual con el hombre del teléfono. Ya recogí mis maletas. Llegó el momento.

Hay muchas personas detrás del vidrio tratando de distinguir a los pasajeros recién llegados. Yo intento unir la imagen partida de la foto que me envió mi mamá con alguna cara de las que veo asomándose.

¿Será aquella? Me acerco tratando de sonreír, pero me tiemblan las comisuras de mis labios demasiado rojos. Lo veo. Tiene que ser él. De todas las personas que se agitan saltando sonrientes al distinguir a sus añorados, él es el único que permanece quieto como una foto, en una pose inusual que debió ensayar tanto como yo mi vestimenta. Me acerco y me ubico exactamente frente a él, y con la misma sinceridad, tantas veces implementada en los ejercicios por parejas que hacía en clase, lo miro detenidamente, como el suicida que estudia el fondo de su abismo, antes de lanzarse. Ha recostado contra el cristal su enorme cabeza cubierta de negros pelos erizados, y me mira con los ojos muy abiertos, despavoridos, negros, muy negros, sólo pupila, auxiliados por unos lentes gruesos, amplios, de marco redondeado. La mueca de su boca medio abierta no es propiamente alegre, ni siquiera amable, creo que pretende ser entre asustadora y cómica, pues su grueso labio inferior se descuelga como si pesara mucho, dejando ver un pedazo de encía color púrpura que nada en un charco de saliva. Tiene la nariz aplastada por la presión de su cuerpo contra el ventanal, y yo, desde los 1,79 m de la altura que alcanzo por la ayuda de las plataformas, lo miro estupefacta, determino el verdadero tono y textura de su piel, india y lisa como el hule, mido su corta estatura, comparo sus ojos estrábicos y todas sus desproporciones, como lo haría una estudiante de biología con un organismo desconocido, desde lo más encumbrado de su microscopio.

Durante el fuego cruzado de nuestra primera mirada se apiñaron en desorden la sucesión de diálogos telefónicos, la imagen guapa que yo había construido para que le cuadrara perfectamente a la voz, y una serie de juicios y preguntas abriéndose paso entre aquella edición caótica; «¿por qué no se despega de la ventana para que no se le aplaste la nariz?», «parece que no sólo quisiera restregarme su fealdad, sino exagerarla e insultarme con ella», «mira qué feo soy, te desafío con mi fealdad; mira, me aplasto la nariz para ser más feo que yo mismo».

Él aguanta un poco más su pose, minuciosamente calculada, hasta el punto de desarmar mis intentos sobrehumanos por seguir al pie de la letra la convención de «cómo deben saludarse dos extraños que sólo se conocen por teléfono». Cuando ya él puede ver que me siento lo suficientemente avergonzada, descongela la caricatura que había hecho de sí mismo para recibirme y me indica la salida, registrando mi angustioso estado de desorientación y, por fin, sonriéndome con un drama de dientes separados y, sobre todo, descomunales, como mi desconcierto.

«Uy, usted es muy alta». Yo me reía, como restándole importancia a lo que era evidente para ambos. Caminé varios metros detrás de él, había estacionado su carro bastante lejos del terminal. Tenía puestos unos pantalones de pana color mostaza, una camiseta gris, una chaqueta caqui como de guardacostas de buena marca, una mochila guajira terciada y unas botas de montañismo, untadas de barro. Iba hablando solo mientras yo analizaba su manera afanosa de andar, balanceándose como si fuera cojo de las dos piernas. «No te oigo lo que estás diciendo», le grité agitada, casi corriendo montada en mis zancos, que no veía la hora de tirar a un potrero para cambiar por un par de tenis. Él se detuvo y se volteó para contestarme. Esta vez me impresionó mucho más el desbarajuste de su cara; la luz estaba plena y todas sus facciones parecían deformadas por un lente gran angular. «No crea que me quiero acostar con usted». Casi me sentí como un delincuente al que sorprenden infraganti cometiendo un crimen, porque justamente estaba imaginando la escena, pero con esa oración mis pensamientos se quedaron pasmados.

Como después de un totazo, me quedé muda. Aunque la conmoción bajó un poco, quería que ese fin de semana terminara rápido, no podía evitar sentir una horrible desilusión de la cual ya empezaba a sentirme culpable. «Aguantaré lo que más pueda la pantomima de la bella que se enamora de la bestia, para salvar mi dignidad de mujer profunda y espiritual». Tenía que ser consecuente también frente a mi propia persona, con lo que le había dicho y escrito en la ansiedad de representar a una heroína excepcional.

Su jeep verde oscuro sin capota venía sobrecargado de hortalizas y cubierto de tierra por todas partes. Pasamos un rato reacomodando el mercado para poder montar las maletas. Me alegré de volver a tener entre las manos tantas frutas exóticas, verdaderas obras maestras que se dan en los montes colombianos como si nada; mangostinos, pitayas, granadillas, guanábanas, chirimoyas, maracuyá. Esos nombres, que dichos todos juntos parecen un ensamble de instrumentos de percusión, los aromas, los colores de la sabana recién brillados, más un CD de Héctor Lavoe que puso a sonar a todo volumen en su poderoso equipo de sonido, fueron la mejor bienvenida a mi torturado país. Él cantaba todas las canciones sin equivocarse, en sincronía perfecta con el cantante; tan perfecta que ni siquiera los pregones improvisados escaparon de su milimétrico *lip-sync*. Durante todo el trayecto cantamos; yo bailaba en mi puesto olvidando los temblores fríos de mis primeros minutos frente a él, y por fin sonreía mirando el azul intenso del cielo, maravillándome al ver cómo la lámina lustrosa de la luz delineaba cada cerro, cada árbol, cada edificio, con una precisión de cirujano, dedicando a todas las formas un color definido y radiante. Me sentí feliz de haber vuelto y también de poder encontrar en esa alegría una cinta de tan hermoso material para unir mi estupor con la turbadora presencia del hombre del teléfono.

Llegamos al hotel, una construcción colonial ubicada sobre una avenida principal en un barrio céntrico y tradicional de la ciudad. Me registré, dejé mis maletas en el cuarto, abrí el clóset y arrojé en su interior las botas con una furia y un placer formidables, me calcé los tenis, me puse una camisa limpia y salí enseguida, con un renovado entusiasmo que hacía media hora había estado a punto de colapsar.

«Yo le dije que me la iba a robar, ¿no?». Asentí con la cabeza como una niña obediente y experimenté un orgullo íntimo, convertida de pronto en un tierno objeto de valor por la palabra *robar*, siempre tan seductora. Primero fuimos hasta su casa, en un barrio colgado de una de las lomas orientales de la ciudad, para dejar su cargamento. La fachada era blanca y su entrada una puertecita de madera pintada de azul rey, que daba directamente a la calle. Lo esperé en el carro y me entretuve de nuevo mirando cómo iba y volvía, con ese andar pintoresco pero decidido y sanguíneo, no sé si parte de los ademanes de un personaje humorístico que tenía muy bien construido para ocultarse o acompañarse. Cuando se sentó frente al timón, me regaló una rosa y una pluma blanca. «Usted es la rosa». Interpreté que la pluma era él, y estuve un rato medio perdida en la dialéctica de la pluma y la rosa, y lo poco que tenían que ver la una con la otra. Con todo y eso, me aseguré las dos en el centro del pecho con el resorte del sostén. «Poné más salsa», le sugerí. No quise preguntarle para dónde íbamos. Vi que introdujo en su mochila dos botellas de vino tinto cuando cerró la puertica azul, así que lo más probable era que tuviera un plan preconcebido. Eso sí, yo me encargaría de hacerle reemplazar el vino por aguardiente.

Salimos de Bogotá, a esa hora ya cubierta de un fino polvo dorado, con la fiesta prendida en los parlantes a punta de guaguancó, charanga y son, rumbo a un destino que precisamente por lo desconocido prometía ser más encantador. En el lapso que transcurrió antes de llegar a «la casa de unos amigos» (la idea de llegar de primerazo a conocer gente no me agradó mucho) me la pasé rebotando entre las descargas de los timbales y el retumbe de muchos interrogantes que seguían tercos, a contrarritmo. «¿Qué voy a hacer con este tipo? No se parece al hombre del teléfono que me imaginé». Entretanto, él se carcajeaba, echando la cabeza para atrás, abriendo de par en par los batientes de su mandíbula colosal, infestada de muelas torcidas y gigantes. Me dediqué a sentir su presencia, ahora sí, descarnada, desprovista de los etéreos kilómetros de cable telefónico. Él también iba haciendo lo mismo, como produciendo su propia pausa en medio de la barahúnda.

Rubén Blades y Cheo Feliciano no lograban, con toda su sabrosura, distraer ese silencio que todavía no se podía definir, pero sí asomarse a los ojos sarcásticos de mi compañero y a los míos, incrédulos y recelosos. Hubo un segundo en que ambos nos encontramos en un pasillo muy estrecho de ese silencio y no nos quedó más remedio que mirarnos con una franqueza que ninguno de los dos había planeado. Sentí pavor de que no tuviéramos mucho que decirnos de ahí en adelante. Después de esa casi imperceptible convulsión, cada uno se volvió a montar en el personaje que ya había preparado, y con esa determinación emprendimos camino hacia lo impredecible. De un momento a otro, empezó a contarme anécdotas sobre personas conocidas que había entrevistado, imitándolas y riéndose de sus respuestas y de sus propias ocurrencias. El contenido de estos diálogos era político y las personificaciones, aunque teatrales, brillantes. No podía menos que agradecerle a mi anfitrión que en el programa de recibimiento tuviera un espacio reservado para una comedia viva actuada por él mismo, pero nada de lo que veía y oía me producía una risa real. Eso sí, tuve diafragma suficiente para fingir carcajadas (como las del *jajaja* con mi profesor), hasta que de verdad me dolió el estómago por el esfuerzo. No entendía nada, pero prefería un desgarre abdominal antes que permitir que lo notara. La incomodidad provocada por mi profunda desinformación crecía a medida que la dinámica de nuestras conversaciones se transformaba en un monólogo por parte de él, ya fuera filosófico, poético, literario, matemático, político, siempre cómico, y una introversión casi autística de mi parte. Cuando terminó el primer acto, como si me hubiera leído el pensamiento, me preguntó: «¿Usted toma aguardiente?».

El panorama mejoró con las caricias maternales del anís, que adormecieron los dilemas y me recordaron que la verdadera alegría existe mientras uno no esté sobrio.

Remontamos una loma surcada por hectáreas de huertas y sembrados, hasta que alcanzamos un portón con un letrero que decía «A donde P». Nos abrió quien supuse era la dueña de casa y continuamos hasta una plazoleta, donde había dos carros más. «Menos mal no hay casi gente», me consolé, a sabiendas de mi escaso talento para desenvolverme en grupos muy concurridos y peor si no conozco a nadie. Sólo había cuatro personas. Dos parejas, al parecer, de mucha confianza para mi guía. La casa descansaba, sencilla y modesta, sobre el lomo de una montaña magnífica de faldas amplias, ondulantes, con la tarde en llamas languideciendo a sus pies. Afortunadamente no me hicieron preguntas y agradecí las oportunidades, que eran casi todas, en que el comediante se montaba en su galope de parodias y absorbía con fruición la atención de sus amigos. Mis carcajadas, como un mecanismo que chirría por falta de aceite, consiguieron funcionar algo mejor emulsionadas con el aguardiente, entre el barullo de risas apasionadas que le arrancó a su austera pero ferviente audiencia. Observé que este espectáculo ya lo conocían los espectadores, quienes se encargaban de que repitiera escenas que preferían, pertenecientes a actuaciones anteriores. No sobró un segundo para hablar de nada común y corriente. La noche siguió, cegatona y a tientas, la cantaleta de lo extraordinario en la compulsiva progresión de una comedia tras otra, interpretada de todo a todo con la intolerable maestría de mi compañero.

Dicen que la belleza cansa. Quizás el genio también. La rosa, vencida por las horas, se había recostado, exangüe, sobre el tallo de la pluma erguida e imbatible.

Entre cabezazos y sobresaltos soporté el interminable trayecto de vuelta a la ciudad. La combinación de alcohol, la confusión por la diferencia horaria entre Madrid y Bogotá, y el largo tiempo de vuelo, me provocaron un mareo de náusea y desasosiego. Después de dos horas el jeep se detuvo frente a la puerta azul, que a esa hora se había

convertido en una mancha gris plomiza difuminada por el carbonci-
llo de la noche. Me despertó el repentino recordatorio de mi inmi-
nente hospedaje en la cueva del duende, quien, con una delicadeza de
sueño, introducía y giraba la llave, haciendo crujir la cerradura y la
madera con un eco reverberado casi triunfal o profético, como anun-
cio de ulteriores eventos fantásticos.

Su guarida no pudo estar más fuera de todo lo que habría podido
imaginar, y más de acuerdo con todos los misterios que escondía bajo
las numerosas caras de sus personajes. Como en una bodega refrigera-
dora, las humeantes paredes heladas no tenían espacio libre. En un área
de pocos metros cuadrados estaba comprendido su mundo infinito e
intrincado, ordenado con el celo y la obsesión de un científico loco.
El primer nivel era un rectángulo cubierto con un tapete de fique, en-
cuadrado por estanterías repletas de libros de historia, economía, filosofía, política, antropología, sociología, enciclopedias y diccionarios;
entre lo más llamativo de todo ese decorado estaban las repisas que
acomodaban diversos tipos de aparatos electrónicos: cámaras de video,
equipos de sonido, cuatro parlantes de poderoso vataje, dos pantallas
grandes de televisión, varios teléfonos y radioteléfonos, todos ellos in-
tercomunicados con trenzas de cables, semejando un gran organismo
vivo con su sistema expuesto de venas y arterias. Un escalón de diez
centímetros dividía este recibidor del estrecho descansillo donde estaba
ubicada la cama doble, cubierta por coloridas mantas indígenas tejidas
a mano, olorosas a leña dulce y a lana virgen. Enfrente, un patio interior
encerrado por puertas corredizas de vidrio era el centro hacia el cual
miraban también la biblioteca y la desafiante medusa con su melena
de cables y vísceras de estaño. Dentro del patio sin techo, azulado por
el cobalto del cielo, se contoneaban dos enormes patos parduzcos, que
cuando entramos emitieron unos graznidos que parecían los gritos de
dos heridos a puñaladas. Mi acompañante, al ver que del susto se me
pasmó la moridera que traía, me explicó que sus muchachos tenían

hambre y se dirigió a la cocineta empotrada detrás del respaldo de la cama para sacar una bolsa de maíz de uno de sus gabinetes. Mientras él los alimentaba a la luz y al frío de la noche, hablándoles en un idioma babilónico, yo no daba crédito a mis ojos, que en ese momento repararon en la taza del inodoro, ubicada, como una silla más, en el rincón izquierdo, opuesto a la cabecera de la cama. No había puerta, ni cortina, ni biombo, ¡ni nada! Un poco más atrás estaba la bañera con su ducha de teléfono, también situada a la intemperie con la misma impudicia, blanca y desnuda como una doncella.

Me derrumbé en la cama como un costal lleno de piedras. Estaba a tiempo de abortar mi misión filantrópica. Pasaría esta noche con él y listo. Asunto concluido. Era clarísimo que ese lugar no había sido concebido para compartirlo con nadie, y yo tampoco estaba diseñada para tanta crudeza. Mientras mi desconcierto aumentaba y mi amigo seguía conversando con los patos, yo me deshacía observando todo de tan peculiar hábitat. Cada cosa estaba en su lugar. Existía un orden traslúcido y digno en la forma en que reposaba cada objeto sobre su base, ya fuera ésta la repisa, las baldosas de barro, el tapete fibroso, todo impecablemente limpio y envuelto en un aura sacerdotal. Me sentía como una invitada especial al laberinto del cerebro magnífico de este desconocido, concretado en la original disposición de sus máquinas, libros, animales y aliviaderos. Atrapada entre la fascinación y la repugnancia, empecé a rendirme ante lo segundo y arreció el pánico de no poder recogerme en el espacio privado donde todos los humanos, bellos y feos, estamos obligados a hacer las paces con nuestra inmundicia. Recordé la avalancha de mis compañeritos de ruta en el bus del Colegio V, esa que creía que me mataría si le abría las compuertas. Aquella noche se abrirían contra todos mis designios, para desaguar por todos los conductos y de la forma más infamante, los desperdicios que sin ningún pudor deja el fugaz espectáculo de la belleza cuando ésta no es más que un montaje de teatro.

Tanta vuelta de palabras para evitar decir *vomitar* o *cagar* (odio esos verbos, su sonido y todo lo que significan, me avergüenza escribirlos y decirlos en voz alta. Detesto oír a alguien decir «cagado de la risa», «me cagué en esto», «ni cagando». Por dios, la palabra *cagar* no debería existir). En vez de obedecerme cuando le rogué que se saliera, actuó como un enfermero diligente que sabe exactamente cómo auxiliar a la hermosura discapacitada por la sordidez.

Me sostuvo la frente con una mano, mientras con la otra me daba palmadas suaves en la espalda para tranquilizarme e impidió que el impulso de las arcadas me lanzara directamente por la tubería de su letrina desvergonzada. Me levantó, me acostó en la cama y me puso en la mano un pañuelo empapado en alcohol para que me lo llevara a la nariz. No tenía fuerzas para decir nada, ni más líquido con qué terminar de llorar lo que me faltaba. Lívida de escalofrío, levité en una paz de muerto, al tiempo que oía el agua correr muy cerca del borde de la cama, como si me hubiera tendido en la ribera de un arroyo. No sé si perdí el conocimiento. Recobré la conciencia aterida de frío entre los brazos de este hombre, que en ese momento me llevaba, desnuda, hasta la bañera que había preparado con sales y agua caliente. Me sumergió en ella con un sigilo animal, solemne como todos los actos que son profundamente naturales y sagrados en sí mismos. Un silencio resplandeciente acompañaba los suaves movimientos del fauno, cuya cabeza, semejante a una gran testa negra de bisonte, se iluminaba sutilmente por la escarcha de las estrellas que brillaban en lo alto del patio. Un ritual distinto del que había soñado se estaba celebrando, y su sacerdote, concentrado y hermético, lo oficiaba con sumo cuidado y respeto, como cuando se lava y se bautiza a un recién nacido.

Aunque había recobrado algo de energía, no interrumpí el fluir religioso de aquella inimaginable secuencia comandada con inmensa ternura por mi auxiliador, que seguía cumpliendo cada paso con esmero y prudencia, hecho una sombra danzante y difusa entre la niebla del vapor y la luz de plata que se había apoderado de todos los contornos. Desgonzada como una muñeca de trapo sobre la cama, me dejé secar y vestir con su piyama, luego sentí unas gruesas medias de punto calzándome los pies y el abrazo final de las sábanas petrificadas, que iban calentándose poco a poco con mi cuerpo todavía tibio y el peso de las espesas mantas.

Cuando abrí los ojos, la luz del día había agarrado la mañana a cuchilladas y me despertó como los patos babilónicos, a los alaridos, con su respectivo reproche de culpas y dolor de cabeza. No había cortinas en los ventanales. Él no estaba, pero no tardó mucho en aparecer por la puerta azul con una bolsa de pan fresco para el desayuno. Sentí una penetrante vergüenza, pero me parecía todavía más indigno aludir a ella. A cambio, no dije nada, me quedé hundida entre las sábanas, disfrutando de ser tratada como si estuviera enferma y sacándole alguna ventaja a mi ignominia. Me concentré en los sonidos producidos por todo lo que hacía él al otro lado de la cama, reconfortada por el aroma a café colombiano, a frutas perfumadas y a almojábana recién salida del horno. Al rato trajo en una bandeja esos manjares sencillos y deliciosos y me la puso en el regazo. Se sentó frente a mí y tuve que mirarlo con esa hiriente lucidez que asalta de golpe, cuando ya no se tienen armas para corromperla. Su cara me volvió a impresionar con la misma violencia de la primera vez. Sin embargo, esa mañana no tenía la comedia entre las cejas negras y pobladas; la burla y el desprecio hacia todos los que formamos parte de la *zoociedad* burguesa no le habían deformado totalmente las facciones. Muy en el corazón de aquel rostro convexo brillaba la luz de sus ojos azabache, mermada por un filtro todavía más viscoso que el vidrio de sus lentes, imposible de determinar, como si con esa mirada todavía estuviera representando el último murmullo de una escena, lejos de ser enteramente él mismo. De pronto me sentí como parte de un libreto que él quería escribir, en el que yo, como personaje, no podía sino esperar el próximo giro de la trama, sin ningún control. Estaba terriblemente sorprendida por ese primer capítulo de nuestro *tête à tête*, tan distinto del que yo habría escrito inspirada en su voz, todavía acariciadora y calmante.

«Oiga, usted es muy bonita», me dijo con el timbre cálido que ya conocía, pero con un matiz de sorpresa represada, como si me estuviera revelando un secreto y al mismo tiempo me consolara. Yo no sabía si pedirle perdón o darle las gracias, por lo cual hice ambas cosas, sin poder evitar referirme al sanitario, que como un voyerista seguía ahí, pelado con la boca indecente y abierta, recordándome que la belleza y lo asqueroso son irreconciliables. No quise ni pensar cuando el turno le tocara a él. La imagen, perturbadora e insoportable, terminaba de demoler todas las fantasías cursis marinadas en meses de conversaciones y carcajadas a medianoche.

Me comí todas las almojábanas, me tomé todo el café, saboreé cada casquito algodonoso de los mangostinos y me puse a llorar deliciosamente, cuan larga era sobre el colchón duro, lo que en la noche anterior, por pura deshidratación, no había conseguido. De ahí en adelante mi llanto se convirtió en un sancocho de lágrimas de todas las clases: de risa, de resaca, de borrachera reciclada, de culpa, de desilusión, de humillación, de desconsuelo, hasta tocar los confines del desamor y el asco por la vida.

«A ver, ¿y de qué es que siente tanta vergüenza?», la pregunta disparó un recuerdo específico de mi niñez, que no quise contarle.

A los ocho años, más o menos, cuando ya daba cuenta de una libido demandante y precoz, se me metieron de repente, no sé si muy temprano, mil mariposas en el estómago y no sabía muy bien qué hacer con ellas. Me acosaban a menudo, sobre todo por las noches y cuando estaba sola. A pesar de la culpa que me asfixiaba, en vez de espantarlas solía alborotarlas envolviéndome en las batas de dormir de mi mamá, siempre sedosas y transparentes. Me acariciaba todo el cuerpo a través de su textura, como si ese filtro le otorgara un rango extranjero a las caricias, sintiéndolas como ajenas a mi voluntad y haciendo de esa ceremonia sensual algo más excitante. El contacto con mi propio cuerpo no tenía dirección alguna hacia la cumbre, no tenía noticias de que ésta existiera ni noción de cómo debía resolverse aquella profusión de estremecimientos, de modo que podía permanecer en ese trance irresoluto y ambiguo hasta donde me lo permitiera el cansancio de mi confusión o, como pasó aquella tarde de mi recuerdo, hasta que algo externo interrumpiera ese estado parecido a la infatuación.

Sentí los pasos de mi madre acercarse a la puerta del cuarto de huéspedes, donde yo, volando en nebulosas de gasa, había decidido convertirme en la Venus de Milo. Cuando se abrió la puerta, corrí, me encerré en el armario y me acurruqué en el fondo como un ratón asustado, hasta que la última puerta de mi escondite también se abrió y allí me encontraron los inquietos ojos verdes de mi madre, embozada en satín y en caca.

Continué la conversación, extendiéndome un poco más en el asco que me producen los líquidos y desechos que componen y se descomponen en el cuerpo humano, máquina maravillosa de producir babas, mocos, orines, lágrimas, lagañas, cera, flemas, sangre, vómito, pus, semen, y la consabida y nunca bien ponderada mierda, plato principal de su espléndido menú escatológico. Señalé el hecho curioso de que esta repulsión no me la produce el cuerpo de ningún animal, aun cuando sus funciones son las mismas; tal parece que el hombre es el único mamífero que siente asco de su propio cuerpo. Si las sociedades civilizadas no hubieran visto lo indecoroso de estos asuntos tan naturales, no habrían asignado lugares privados donde esconder el deshonor de la porquería que procesamos con tanta perfección e inconsciencia. La frase popular «imagíneselo cagando» la usan algunos precisamente para reducir a su proporción real las ínfulas de grandeza de algunas personalidades, o también para burlarse de la belleza, en especial de la de las mujeres. Pensé entonces que mi interlocutor –y libretista de nuestra historia–, con su máscara espantada de bufón, se vengaba así de la belleza a la que tanto aludía y tendía una trampa sutil a las soberbias beldades para luego verlas sentadas en el único trono que degrada a las reinas a su nivel más bajo. Pasé por alto su devota liturgia de la bañera y la pureza de la intención con que pareció haberla celebrado, lo mismo que el hecho de no sentir a mi lado las huellas de que hubiera dormido conmigo, pues todo esto contradecía de algún modo la hipótesis de la trampa.

Agobiada por el malestar, me levanté de mala gana a recoger mi ropa, que él había organizado con simetría sobre un banquito. Le dije que quería ir al hotel. Como si fuera un sirviente, se encaminó hacia la puerta y, después de una especie de reverencia, me contó que su madre vivía en la casa de al lado, que iría a verla y regresaría en unos treinta minutos, para que yo me vistiera y me bañara tranquila. «Sólo le pido una cosa: antes de irnos, déjeme amarrarle los zapatos». Y se retiró.

Todavía tenía el pelo mojado gracias al bautizo de la noche anterior. Habría pensado que después de haber estado más desnuda que nunca en mi vida, ya no valía tanto pudor frente a él, pero se lo agradecí, pues no podía hacerme responsable de mi desvanecimiento y sus consecuencias. Me vestí apenas se fue. El aire dentro de la habitación parecía nuevo y crujiente, los cristales de las puertas corredizas actuaban como una gran caja de luz, con su enceguecedor reflejo en las paredes blancas del patio. Todas las superficies cobraron alta resolución, como si estuvieran inscritas en una pantalla de exacta definición, a pesar de que nada en ese lugar parecía formar parte del mundo real. La Gorgona con sus greñas de caucho, sus bocinas y micrófonos, contrapuestas a la vida orgánica de las dos aves renqueando en el patio, y la descarnada convivencia de lo vergonzoso de nuestra naturaleza con el humanismo y el arte, planteaban un seductor acertijo alrededor de una personalidad indefinible y por momentos rimbombante y desagradable. Esculqué sus libros y una columna de revistas con artículos sobre su trabajo como director y actor de exitosos y controvertidos programas humorísticos de televisión, y sobre su estrecha colaboración con el gobierno oficial en asuntos concernientes a procesos de paz y derechos humanos. De repente, me sentí intrigada por conocer el desarrollo de mi supuesto personaje en su libreto e inclinada a fluir dentro de lo que a este genio se le antojara crear. ¡Cómo no aventurarse a espiar aquella mente briosa y original hasta el delirio!

Cuando regresó yo estaba sentada en la cama, con las medias puestas y los tenis sin amarrar. Su comportamiento me hizo pensar que él también era un personaje de sí mismo en su guion, y este pacto tácito de prestarnos para su nueva parodia con una dimensión tan sofisticada, añadía una tensión todavía más subyugante. Se arrodilló como un paje y manipuló los burdos cordones de nailon como si fueran de seda, con la misma devoción que durante el ritual de la bañera. Desde mi punto de vista, su cabeza se me antojaba un revoltoso nido de plumas negras, volcado sobre mis pies, mientras ataba los lazos con sus manos anchas y laboriosas de chamán indígena. «Gracias por dejarme hacer esto», y las juntó como en un rezo.

Pasé el resto del sábado y el domingo tumbada en la cama de la habitación del hotel, como girando en una rueda centrífuga, desorientada y poseída por un desconsuelo metafísico. No iba a ser esta la historia de amor que sustituiría el ensueño de mi amante español, ni la que curaría las heridas de mi divorcio prematuro. En cambio sería un montaje coreográfico, ese sí muy extravagante, de una extraña danza entre el bufón jorobado de palacio y una *starlette* de opereta.

El lunes siguiente vendría el productor de la serie para darme instrucciones y toda la información sobre el rodaje. No sentía ningún entusiasmo hacia mi personaje de rejoneadora española; el solo proyecto de protagonizar la obra paralela que, según mi teoría, estaba diseñando en vivo el hombre emplumado me empezaba a interesar de una forma morbosa, en franca oposición con la irritación que me inspiraba verlo actuándose a sí mismo. Sin siquiera haber comenzado, ya me invadía un agotamiento total ante la perspectiva de estar los dos meses siguientes hablando como mi profesora de fonética.

La primera semana estuvo llena de actividades técnicas, reuniones con el director y los actores del reparto, lecciones de rejoneo, pruebas de vestuario y más clases de sevillanas. Las grabaciones comenzarían con retraso, de modo que la primera semana tendría todas las noches libres. Mi amigo las aprovechó para llevarme a uno que otro evento social, donde los invitados no podían ocultar su sorpresa cuando lo veían llegar acompañado de una actriz popular con mirada de no saber para dónde va ni de dónde viene. El resultado era siempre el mismo durante aquellas fiestas, generalmente ofrecidas por personas bastante reconocidas en la agria sopa de la alta sociedad nacional. Terminaban en un corrillo muy reducido del que formaban parte los dueños de casa y sus amigos, admiradores rotundos del intrépido comediante y fustigadores incansables de sus insolencias, que seguían celebrando y aplaudiendo entre alcoholes frenéticos hasta altas horas de la madrugada. Mi lugar era anodino e incómodo. Yo me ubicaba en un rincón del salón, muda, y observaba la escena con desazón, sin disfrutar ni por un solo segundo las fastuosas personificaciones de mi compañero, muchas veces preguntándome «¿qué hago aquí?», e imitando un eco desgalamido de sus risas. No sé qué clase de obligación me clavaba en esa posición indefinida, entre adorno y trofeo de la estrella del humorismo político; no sé qué ganaba yo en mi crédito de mujer, pues me desestabilizaba su compañía, y en ella no existía nada parecido a lo entrañable. Como los demás asistentes a la antesala de su estrambótica personalidad, sólo podía concentrarme en escuchar interminables monólogos sobre sus certeras opiniones con respecto a nuestro país (el cual conocía a fondo), y su elevada filosofía orientada al bien social. Nunca en mi vida me he sentido tan incompetente para conversar con alguien. Fuera de ser yo su condecoración por otro de sus logros, no adivinaba en él otra motivación para llevarme en calidad de mueble a los salones rancios de sus amigos encopetados. Quizás el trazado de esta danza consistía en un íntimo desafío que cada uno le planteaba al otro, y que nunca pusimos en palabras. Como si en el *Homo sapiens* quedara todavía el recuerdo del primitivo instinto animal que empuja al macho a apropiarse de la mejor hembra para proclamarse líder de la manada, este hombre académicamente cultivado no podía sustraerse de esa necesidad tan básica que es sentirse avalado por la compañía de una mujer bella. Él, con su discurso marxista y unas raíces sociales muy alejadas de las cúspides burguesas que lo acogían como un juguete estrafalario, se reía con todos sus dientes prehistóricos de la ingenuidad de sus aduladores y me desafiaba a quedarme como firme secuaz de su revancha.

La historia no me estaba pareciendo tan divertida, y cada día creía que sería el último que compartiría con mi creador. En la madrugada del viernes siguiente, saliendo de algún convite del calibre ya referido, nos montamos en su campero descapotable y anduvimos un rato así, saboreando el aire congelado bajo la luna, que como una bruja trasnochada nos miraba entre las ramas de los saucos. El contraste entre la algarabía de sus presentaciones y el silencio que se fue apoderando de nosotros cuando ya no había público era dramático. Ese tipo de silencio que no se deja distraer con cualquier banalidad. Un silencio que no quiere sino ser silencio y tragarse su propio vacío, como los agujeros negros en el universo. Finalmente, sin acordar nada, nos dirigimos a su casa, que seguía ahí, agarrada de la loma, con su inocente puertecita azul. Resonaron las bisagras y de nuevo resplandeció todo el cuarto con la luz plateada de la noche enlunada que se ocupó de dibujarlo todo en claroscuros de perla. Y otra vez ese sanitario. Ahí seguía, atravesado entre la cama y el patio, con su miseria inmaculada, sin poesía, sin gloria, sin renombre, como un abyecto testigo de que en este mundo ilusorio las jerarquías entre lo inmundo y lo sublime son arbitrarias. Desde esa noche nunca más cuestioné el orden de las cosas en la cueva del duende.

Inspirada en las vestimentas de las gitanas que cantaban acompañadas por una organeta en las esquinas madrileñas, esa noche me había vestido con una falda negra de franela hasta los tobillos, una chaquetilla corta de gamuza, asegurada a modo de corsé; debajo, una blusa blanca con cuello redondo en holán de algodón, ribeteado con pequeños volantes de encaje y pisado en el centro por un camafeo; medias pantalón de rejilla negra y zapatos de amarrar también negros. Me recosté en la cama con desidia, la planta de mis pies todavía tocaba el suelo. Cerré los ojos. Después de un rato, las manos indígenas desamarraron con cautela los zapatos negros de cuero, y como desvistiendo un maniquí de un material muy frágil, fueron deshojando capa por capa mi vestuario abarrotado de ojales, cordones, broches, botones y resortes. Yo seguí el curso de la escena que él se encargaría de construir minuciosamente, permitiría el envite natural del hombre y su deseo, contra el mío, en cambio, ausente, vigilado por una curiosidad displicente y un desprecio malsano hacia mí misma. Disociada de mí, sería una espectadora más de un ballet donde el erotismo se vería completamente despojado de cualquier sentimiento y de la atracción física, algo que siempre creí imposible. El sátiro con su colosal cabeza emplumada había dispuesto todo para una nueva ceremonia y yo me tendí como un muerto en un anfiteatro, habilitado para ser examinado y diseccionado con la misma frialdad. Ahí estaba yo, planteada como una ecuación con miles de variables, ante la mirada incólume del matemático ambicioso de su resultado. Así fue como se armó de la pluma blanca y una rosa nueva que había sumergido en un vaso de aceite aromático, como también de un silencio todavía más atronador que el que nos aturdió en el carro, y pronunció las únicas palabras dedicadas a su consagrado oficio: «Usted es de esas mujeres que da miedo tocar».

Orgullosa de mi papel de virgen adorada, lo interpreté al pie de la letra, con el egoísmo de la estatua admirada por su propio hacedor y que sólo responde con la supuesta belleza que él pretende imprimirle. A merced de la pluma y la rosa mojada en la ambrosía perfumada, fui reconociendo el bajorrelieve de terrenos abandonados, desiertos de amores y de tormentos solitarios e inermes. Me acomodé en el altar que él había erigido para la diosa de su imperio (un lugar que nunca había ocupado en la vida de nadie), sin devolverle nada. No reconocía por ningún lado el romance cancionero con el que tanto quise colorear nuestros días, pero sí una codicia patética por conocer hasta dónde podía llegar su personaje enajenado por la belleza, y también una necesidad conmovedora de sentirme elegida falsa o verdaderamente por un hombre, en este caso un hombre irrepetible, que quería llamarse con mi apellido, el hombre de la voz nocturna, el hombre avergonzado de su fealdad, el hombre genial, facundo y locuaz que se callaba cada vez más cuando estábamos solos.

Se iniciaron las grabaciones y tuve que ir por unos días a un pueblo cercano. Hasta allá fue a parar el brujo de la rosa y la pluma, a quien todos mis compañeros saludaron admirados e igualmente extrañados. Siempre ocurría lo mismo. Vernos juntos era llamativo para el público hambriento de fórmulas fáciles. Indefectiblemente, los acordes de nuestro dúo arrojaban notas rebeldes y disonantes que incluso a mí me perturbaban al extremo, pero prefería, aun a costa de mi propia comodidad, rebelarme contra los clichés que el público desde su fantasía intentaba proyectar sobre la vida de nosotros, sus adalides. El placer que me producía decepcionar esa expectativa era mucho más fuerte que mi repulsión hacia el curioso ensamblaje que habíamos hecho de nuestra mal llamada amistad, pues ni siquiera alcanzaba a serlo. Tal vez por eso yo misma me quedé de una sola pieza cuando, al presentarlo, me oí anunciarles a mis colegas, estupefactos: «Aquí está el padre de mis hijos».

A los pocos días, fui su invitada en un programa periodístico de entrevistas que él dirigía. El formato, como el de todas sus creaciones, era muy original, pues el diálogo se desarrollaba en una especie de consultorio de psiquiatría, donde mi genial amigo, libreta en mano, detrás de un diván y actuando como terapeuta, hacía preguntas comprometedoras a su paciente. Haber aceptado fue un error garrafal de mi parte. Media hora antes de empezar, se me acercó mi entrevistador y me ofreció dos tabletas con pastillas de cafeína. Nunca había visto que esa sustancia viniera aislada en comprimidos, pero como si fuera realmente mi psiquiatra, acepté su prescripción sin ninguna reserva y me las tomé. Hoy en día, no sé cómo interpretar su intención. Pero me inclino a deducir que, conociendo y temiendo mi mutismo saturnino, el periodista necesitaba que su interlocutora tuviera más suelta la lengua, o más rápida su mente, para que la entrevista consiguiera un tono ágil y sin divagaciones.

Cuando llegó el momento de acostarme en el diván, me sentía como conectada a un enchufe eléctrico de alto voltaje. Ahogada en un pozo de sudor frío, todo el cuerpo me pasaba factura evidente de un estado cercano al pánico, el cual, gracias a mi orgullo de invitada especial, me resistí a confesar. El coordinador del programa contó los cinco segundos (¡esos cinco segundos desalmados!) previos a la grabación y dio la señal de inicio con la mano. Mi entrevistador comenzó con una sátira brillante sobre la verdad y la mentira en el *performance* de los actores del conflicto colombiano, seguida de una generosa reseña sobre mi trabajo como actriz, «también en conflicto con ella misma mientras pasea su mirada de domingo por la tarde». Acto seguido y sin miramientos, se entregó a su interrogatorio voraz, con la esperanza de que la medicina estimulante convirtiera a su conejillo de Indias en una persona de respuesta veloz. El efecto en mi cerebro del equivalente a seis tazas de café cargado fue penosamente opuesto al esperado. No pude desatar palabra. Me encontré corriendo en un campo abierto, cazando pensamientos que, como mariposas, huían de una red rota. Cuando conseguía articular una frase, la idea central había escapado para nunca más volver, y lo que quedaba en mis labios era un rastro lejano de palabras inconexas, imposibles de pronunciar. Mi compañero de escena logró la proeza de convertir aquel caos en un elemento a su favor y de la entrevista, llenando los espacios en blanco que yo dejaba con una industria y un humor asombrosos. Para mí, cada pregunta era una trampa donde siempre caía atrapada, mientras que para él cada respuesta era un reto exigente para su astucia, que superó como un héroe todas las veces. El mano a mano resultó en una conversación tan contrahecha que parecía montada a propósito, cosa en absoluto extraña para la usual dramaturgia de sus comedias. No sé cuánto habrá durado la tortura, interrumpida varias veces por la maquilladora, que se acercaba afanosa a secarme las gotas de sudor, transformadas sobre mi escote discreto en un incómodo rosario de perlas.

Los productores ejecutivos quedaron contentísimos con el contenido y nos felicitaron a los dos por haber estado *increíbles* (¡qué oportuno calificativo!). Apenas el coordinador gritó «fuera del aire», le pedí a mi compañero que me consiguiera un trago de lo que fuera y lo culpé por haberme recetado esas pastillas. Él estaba tan satisfecho que todo le parecía una broma deliciosa y se puso más feliz cuando llegó la media botella de aguardiente que había mandado pedir a la tienda de la esquina; estaba eufórico y quería celebrar. Devastada por mi lamentable desempeño, traté de aliviarme en el consuelo que me brindaba cuando me aseguró que él también había creído que mi actitud había sido intencional y que por eso se había divertido tanto. En el fondo, ambos sabíamos que no era así. Nuestro pacto tácito se trataba más de una lucha implícita, traducida en duelos insospechados que le otorgaban una y otra vez el triunfo a su orgullosa inteligencia, condecorada con la medalla dorada de mi humillación.

Es muy curioso eso de hacer cosas que uno detesta, o someterse a situaciones que el ser rechaza visceralmente y aun así permanecer en ellas, teniendo toda la libertad de retirarse. Seguirle la cuerda a este hombre se convirtió para mí en una obligación ética. Yo le había ayudado a inventar mi personaje y no podía traicionarlo con mi incoherencia. Vinieron más días, más noches de pluma y rosa, más fiestas, más parodias, en las que lo inteligente, lo bello y lo feo se retorcían en un abrazo feroz y confuso.

«La invito a tierra caliente». No recuerdo haberme negado a ninguna de sus proposiciones. De manera que más pronto que tarde, estaba yo sentada a su lado en el jeep descapotado, sorprendida como si fuese la primera vez que viera sus dientes volados y sus carnosos labios púrpura luchando por cubrirlos.

Pasaríamos la noche en un resort ubicado a unos buenos kilómetros de distancia de Bogotá, y el viaje por tierra prometía ser muy agradable. Llegaríamos en un par de horas. Durante la ruta volvieron a tronar timbales, cencerros y tambores, que ponían a vibrar los parlantes del equipo de sonido con sus bajos, medios y altos en perfecto equilibrio. Hicimos una parada en la carretera. Mi acompañante de repente tuvo el antojo de comer morcilla con leche. Yo intenté compensar semejante asalto a la gastronomía comiéndome una manzana verde. Después continuamos nuestro camino, pero ya mis tripas estaban revueltas. Creo que mi compromiso moral era soportar lo desagradable, porque lo bello frente al genio era desechable, superficial, insulso, bobo, soso, y no sé qué más tristes cualidades que me hacían avergonzarme de querer alcanzarlo. Qué pesar no saber de dónde diablos había surgido en mí esta contradicción inútil y qué difícil explicar el hecho de acceder a convertir-me en su experimento. De repente se callaron mis pensamientos al ver asomarse la tarde iridiscente, ella sí exultante de hermosura y sin ambigüedades, dejando caer en los abismos de la noche su vestido rosado con boleros de fuego.

El hotel a donde llegamos en plena oscuridad era la matriz de un conjunto cerrado de bungalós esparcidos en varias hectáreas de tierra plana; una construcción moderna con habitaciones cómodas y lumi-nosas, engalanadas con amplios ventanales que garantizaban la vista sobre el valle y la piscina central. Un lugar de veraneo muy escogido por el selecto círculo de amigos que mi anfitrión tanto frecuentaba y que, de hecho, veríamos casi enseguida. Al cabo de una hora ya está-bamos en la terraza, frente a la piscina iluminada, comiendo fritanga y bebiendo whisky con un puñado de altos ejecutivos que termina-ban ya su última ronda de cacho después de dieciocho hoyos de golf. Yo seguí fiel a mi copa de aguardiente, que después cambié por un vaso más grande para combinarlo con jugo de limón y enfriarlo con muchos cubos de hielo.

La función había comenzado. Como preámbulo del número prin-cipal, algunos de los presentes se refirieron a la entrevista del diván y se morían de risa recreando los momentos que a mí me parecían más siniestros. Sentí un descanso al poder contarles que mi despiste había sido real, factor que provocó una nueva cascada de risas. Uno de ellos, un hombre atractivo a quien yo conocía muy superficialmente, acercó una silla y se sentó a mi lado. «Yo pensé que era pura paja eso de que ustedes andaban saliendo». A partir de ahí se inició una conversación alrededor de la arrolladora personalidad de mi amigo. «No entiendo cómo un man tan feo se levanta esa chimba de mujeres», me dijo, mientras se reía con unos dientes perfectamente alineados y se pasaba una mano larga y distinguida por el pelo liso, cortado al desgaire en sensuales capas. Al fondo, el arlequín, coronado de plumas negras y trajeado de sus más floridas gracias, hacía nuevamente las delicias de todos los que lo rodeaban, reinventando una y otra vez su aspecto para personificar a los célebres prohombres que tanto material de lujo le brindaban a su burla exquisita. Volví a ocupar esa posición indefinida a la que todavía no me acostumbraba, de fantasma o de sombra, y dejé que mi mente deambulara un rato por caminos sin dirección, lejos del eco restallante de las risas. Por esos recodos vi al amante, también al joven cantante que se había casado conmigo, y extrañé ese sentimiento tóxico que se apodera del cuerpo y del espíritu de dos personas unidas en un lazo jubiloso, místico, casi filial. Sí. Hay almas que son de la misma familia, aunque luego se despidan o se odien. Hay una especie de alma a la que se pertenece, que no puede mezclarse con otra, por razones estrictas de alguna naturaleza. No es posible tratar de unir un zorro con una serpiente.

Volví de mi paseo, alegre por los vasos de aguardiente helado con limón y, por qué no, también por lo que había concluido. Encontré a la estrella en el éxtasis de su obra teatral: un diálogo simultáneo entre cuatro expresidentes de la república, interpretados con una exactitud magistral, preguntándose y respondiéndose unos a otros desde sus ideologías, caricaturizadas con saña y agudeza por el artista. A pesar de que yo había visto mil veces este acto, cada vez me resultaba novedoso, su creatividad sin límites no se conformaba con repetir una fórmula efectiva; al contrario, siempre arriesgaba, añadiendo líneas más audaces que rayaban en lo procaz, sin llegar a serlo, osadía que sólo se permite el verdadero talento. El diálogo de los próceres se alargó, hasta que el punto alcohólico de mis aguardientes iba llegando a su límite. No podía seguir el hilo de nada. Me sentí mal. Me levanté y subí a la habitación. El malestar que tenía iba mucho más allá de una simple borrachera. No quería estar ahí con esas personas ni ser la medalla de honor para él. Sentía un asco atroz. Una repugnancia incontenible por toda aquella puesta en escena gratuita y antiestética. Nuestras almas pertenecían a especies diferentes. Pensaba en esto cuando mi compañero de cuarto abrió la puerta. Sentí que me estaban extrayendo toda la sangre con una jeringa. No pude pararme. «Me muero, me voy», alcancé a exclamar, sin voz. Y me fui. Creo que morí un poco. Cuando recobré el sentido estaba sobre la cama, esta vez vestida, tiritando de frío y con un lápiz entre los labios. «¿Por qué no me dijo que usted era epiléptica?». Oh, dios. Que yo recordara, nunca había convulsionado.

Epilepsia. Una de las imágenes que más me impresionaron por los días en que cursaba primero de bachillerato en el Colegio V fue la de la actriz Taryn Power interpretando a la protagonista de la película *María*, basada en la novela de Jorge Isaacs; en un momento determinado, su personaje sufría un ataque de epilepsia. No se me escapó ni un solo detalle de la forma como sus manos, estando tendida en la cama, jugaban con un hilo suelto de la sobresábana, y de repente uno de sus dedos se enredaba y en el intento de desenredarlo desembocaba en un movimiento entrecortado, al que luego sucedieron más estertores y contracciones bruscas de todo el cuerpo. María terminaba cayéndose de la cama y, ya en el suelo, era sorprendida por un primer plano de la cámara, que captaba los últimos temblores de su ataque, con los ojos en blanco y echando espuma por la boca. Horriblemente afectada por esa visión, la epilepsia se convirtió en uno de mis mayores terrores. No podía ni siquiera oír pronunciar esa palabra.

Una mañana, mientras viajaba en el mismo bus en el que los niños se vomitaban, a un adolescente que siempre se sentaba en el primer puesto, justo detrás del conductor, le dio un ataque muy parecido al de María. Era el monstruo de mis pesadillas, la espantosa epilepsia, en vivo y en directo. La señorita del bus, como llamábamos a la jovencita uniformada que nos cuidaba durante el recorrido, trató de calmar la gritería de los niños que exclamaban aterrorizados «¡miren cómo le sale espuma por la boca!». Ella, con la ayuda del conductor, consiguió ponerle un lápiz entre los labios. «Para que no se trague la lengua», explicó. La situación se normalizó, el niño se despertó como si nada y lo llevaron inmediatamente de vuelta a su casa. A mí, por otro lado, también me daban ataques, pero sólo de pánico. Venían de la nada, en cualquier momento; la causa siempre era impredecible. Ese día había sido difícil, tenía toda la atención puesta en el recuerdo de la cara rígida de mi compañerito del bus, que luchaba como poseído por un espíritu malo. Estaba, además, harta de oír hablar en todos los corrillos de lo que le había sucedido al muchacho; incluso una de las profesoras, la de Religión, había insinuado con una malicia cínica: «Hay cosas que son del diablo».

Cuando sonó la campana anunciando la hora de almuerzo me quedé en el salón de clases, sola y sin atreverme a comer nada. En treinta minutos vendría el profesor de Ciencias a dictar su materia. Así fue. El recinto se llenó de niños sudorosos y excitados por el recreo, niños comunes y corrientes que jugaban, se reían, se copiaban en los exámenes y se peleaban. Niños que no pensaban en la muerte ni mucho menos en la epilepsia. El profesor, un hombre de pelo gris cortado en forma de hongo, delgado y verde pistacho como un enfermo terminal, comenzó su conferencia con una voz fúnebre y monocorde, y una parsimonia también propia de los moribundos. Dibujó el sistema solar, ubicó los planetas y sus órbitas, para luego concentrarse en el nuestro, la Tierra, la única soportando la soledad de la vida en medio del espacio negro del universo. No sé qué disparó mi reacción de ese instante: si la actitud agónica de mi profesor, el no haber almorzado, el recuerdo del niño epiléptico o el que mi vida y la de todos los individuos fuera tan insignificante. Las cuatro cosas juntas calificaban con honores para ser la catapulta del peor ataque de pánico de mi vida. El profesor estaba preguntando algo a un alumno. El niño respondía, cuando la ceja izquierda me empezó a titilar involuntariamente. «Me va a dar un ataque de epilepsia», fue mi precipitado diagnóstico, y acto seguido empecé a gritar como una loca, rogaba que llamaran a mis padres, sin importarme el profesor, ni los niños que miraban aterrados, ni nada. Como cuando se huye de un incendio, salí corriendo del salón, atravesé el prado donde se extendía la cancha de fútbol y fui hasta las oficinas de la dirección. La dueña del colegio, comandante en jefe temida por alumnos y trabajadores, me recibió en su despacho alzando la ceja derecha y enseñando una pianola amenazante de dientes blancos. Ella y su hermana, fanáticas religiosas de una secta cristiana, empuñaron un crucifijo frente a una biblia gigantesca y se encargaron de sacarme el diablo (el mismo del que ya había hablado la morbosa profesora de Religión) y de pedir por la salvación de mi alma. El diablo huyó y mi alma se salvó gracias a que mis padres me rescataron a tiempo de esa oficina y a que me fui a terminar mis estudios secundarios en otra parte.

Mi enfermero me observaba preocupado. No estaba mareada ni nada. La convulsión me había reprogramado el cerebro de tal forma que me sentía lúcida y en paz. Los pasajes vívidos del colegio y sus terrores vinieron con el sonido de la palabra inocua, epilepsia, ya liberada de su carga diabólica. Esa madrugada dormí plácidamente. No asocié mi desmayo con ninguna enfermedad, pero sí con toda la tensión de tantos días navegando en contra de mí misma. Pronto caería el telón y la obra habría terminado.

A la mañana siguiente podía mirar con más comodidad a mi amigo y mi reverencia hacia su opulento intelecto no era tan profunda. Durante el desayuno hablé desprevenidamente de lo que se me pasaba por la cabeza; le conté lo del exorcismo, lo de la epilepsia de María y el adolescente, también sobre mi primera psicoanalista y los reincidentes ataques de pánico. Curiosamente, mi interlocutor había amanecido taciturno y ojeroso. «No dormí. Me pasé toda la noche cuidándola», me confesó con un brillo sombrío en los ojos, que parecían mirarme por primera vez.

De regreso remontamos las verdes pendientes de las montañas en su campero desarropado como un niño rebelde, arrullados por un rico concierto de boleros y trovas cubanas. El mediodía había clavado sus espadas relucientes en los corazones de los árboles, y el sol reinó sobre todas las cosas del mundo, poderoso y vertical. Él manejaba pensativo, y de vez en cuando me miraba socarronamente por encima de sus lentes, como congraciándose conmigo. Inicié un diálogo interno (que sólo cesó cuando me dejó en la puerta del hotel), en el que elaboré muchos de los pensamientos que he concretado en este cuaderno. No era la primera vez que me sometía voluntariamente a ser esclava de una fantasía. Una vez más me pregunté por qué, y me enervó la idea de que todos los seres humanos seamos un misterio irresoluble.

Ya no serviría más a mi amo. Sería yo quien determinaría el destino de mi personaje en su relato. Me despedí como si nada, ya volveríamos a vernos el otro fin de semana.

Cuando llegué al hotel, la recepcionista me entregó un papel con un mensaje. «Me dijeron que estabas aquí, no te pierdas». Empecé a desear que su remitente insistiera y me alteró mucho la posibilidad de volver a verlo, pero mi agotamiento no dio tiempo ni siquiera para mantener un nivel aceptable de ansiedad y caí en un sueño ciego, sin imágenes. Me despertó el timbre del teléfono, pero cuando levanté el auricular todavía el letargo me seguía arrastrando hacia lo profundo de la siesta. Antes de salir a la superficie, tuve que preguntar varias veces quién era. «¿Tan rápido me olvidaste?», me preguntó el autor del mensaje con su voz salada y cantarina. «Te doy una pista: te casaste conmigo».

Pasó una hora desde que hablamos brevemente por teléfono hasta que lo tuve frente a mí en la puerta de mi cuarto. Nos dimos un abrazo cargado de contradicciones, sin embargo, largo y reparador. Luego lo miré. Lo miré bien. Estaba más delgado, más cortante el filo de los huesos bajo sus rasgos casi femeninos y más llana «su belleza justa como el arte mismo». Y sí. Su alma pertenecía a una especie que me era hondamente familiar. Hablamos sobre nuestro adiós sin ocultarnos las dolorosas heridas todavía sin cicatrizar. No podía evitar examinar mi accidentada vida desde que rompimos nuestro matrimonio enamorado; codiciosa, creí que yo también debía demostrarme que era capaz de brillar y construir una carrera exitosa fuera de mi país, así como lo estaba haciendo él. Necesitaba ir más allá de su gloria, no quise ser la sombra de una estrella tan refulgente. Para mi arrogancia, no cabían dos soles en una misma casa. Envenenada de envidia, había decidido huir y vengarme de su talento desbordante con mi ausencia. Sentí vergüenza de mi soberbia y mi frivolidad, sobre todo cuando me acorraló para preguntarme si era cierto que andaba por ahí con aquel hombre.

Todo mi comportamiento era errático, resultado de una violenta confusión entre sentimientos, emociones, necesidades y ambiciones profesionales. Cada decisión tomada había respondido a la razón equivocada. Lo único que podía justificar en ese instante eran mis clases, pues me obligaban a analizar esos lados míos que detesto y no comprendo. Mi preparación como actriz por lo menos haría de mí una persona más consciente de lo que siente y hace. De resto, no sabía qué había estado demostrando, no sabía quién era esa mujer acomplejada dentro de mí que actuaba como no pensaba, que hacía lo que no quería y se esclavizaba gratuitamente para posar de mil maneras absurdas frente a los demás. ¿Quiénes son esos demás que parece que me engendraran cada vez que me reconocen? Los fragmentos de mis estulticias sentimentales no arrojaban ningún dato confiable sobre lo que pretendía ser; semejante desmadre era, más aún en ese momento, un revoltijo de contravías.

A mi bello visitante no pude darle ningún testimonio razonable sobre lo que estaba terminando de vivir junto al reconocido humorista de la televisión. Ese episodio formaba parte del sinsentido al que respondía mi instinto de destrucción o de anulación, no sabía qué decir ni dónde estaba parada. «Nos hicimos amigos por teléfono», le aclaré, sin extenderme más. Le pregunté sobre su vida y me habló con el entusiasmo a veces infantil y enajenado con el que describía sus sueños y proyectos. Tenía muchos y con brillante futuro. Mientras lo escuchaba me daba cuenta con más realismo de lo poderoso de su espíritu y de que, aunque se veía evidentemente lesionado, la alegría era su bandera de triunfo, y con ella había atravesado pantanos de lágrimas. Mi supuesta venganza, a costa del sacrificio de mi amor y admiración profundos hacia él, había sido exclusivamente contra mí misma.

Fue nuestra verdadera despedida. Le robamos a la madrugada las horas más frías y entregamos todo lo que sin saber teníamos guardado el uno para el otro. Entonces vi al amor y a la belleza, desnudos, fusionados en una sola y excelsa entidad.

Al día siguiente, negándome a despertar, quise comprobar que nuestro encuentro no había sido una alucinación, recobrar el tiempo perdido, pedir perdón de nuevo y otras mil veces más. Mi visitante había desaparecido. Moví cielo y tierra para localizarlo. El daño estaba hecho hacía tiempo y no podía pretender repararlo en unas horas soñadas. Sólo hasta la noche accedió a hablarme y oí su voz, sin canto y sin risa, por última vez: «¡Estás tan sola!», y colgó el teléfono.

Esa semana sobreviví reptando sobre la arena seca de cada día, con las vísceras ardiendo, bebiendo gotas de una esperanza inventada que escaseaba a medida que pasaban las horas y no había indicios de que el destino perdonara mi torpeza descomunal. Asistía sonámbula a las largas jornadas de grabación con el alma postrada ante la tumba de mi amor roto. La presencia de mi nuevo amigo despertaba en mí un rechazo irreconciliable. Debía comunicarle pronto que no quería volver a verlo. No faltó la culpa, acosadora y punzante como siempre, sugiriendo que lo había engañado jugando a ser la diosa de su fábula, ilusionándolo con mi postura falsa de amuleto acompañante, de mujer de mundo, y cómplice incondicional de su versión sofisticada de la bella y la bestia. Pero una llamada venida de ninguna parte le dio a la casualidad la oportunidad de quitar la venda que me permitiría ver con toda nitidez un matiz frágil, quizás pueril, de aquel hombre. Al otro lado de la línea repiqueteaban las carcajadas de mi vieja amiga costeña, que comentaba sobre las especulaciones que leía en las revistas de farándula sobre mis andanzas con el zar del humorismo político. Desde luego, quería saber por fuente directa si esto era verdad, pues le preocupaba algo que una pariente suya que trabajaba en Presidencia con un equipo de consejeros, dentro del cual participaba mi controvertido compañero, le había contado. «El tipo les lee todas tus cartas a sus colegas, o al menos les hace creer que son tuyas». Reaccioné con aparente tranquilidad, me dolía hablar de cualquier cosa relacionada con mi vida personal. No obstante, le mentí; le dejé claro que yo nunca le había escrito ni una letra y que lo veía ocasionalmente. Esa noche no pude dormir, quería que llegara el día en que pudiera cerrar tan disparatado capítulo. Había encontrado el broche de oro para sellar el final con dignidad y justicia. Me sentí traicionada por el gesto innoble de exponer mis confesiones, que creí parte de nuestro archivo privado, ante un grupo de personas que ni siquiera eran sus amigos. Imaginé las animadas sesiones de lectura epistolar, basadas en la veintena de hilarantes representaciones que presencié, en las que él seguramente imitaría el tono de mi voz y suavizaría los ademanes haciendo una caricatura precisa de mis modos, sirviéndose del texto que, a pedir de boca, revelaba un contenido sustancial de mi personalidad. Con esta herramienta –y dada la pericia incontestable del artista en cuestión–, no me cabía duda de que el resultado sería una obra maestra de la chacota, merecedora de venias y aplausos. No me alegró haber encontrado una razón mundana para dejar de verlo, ni mucho menos descubrir a su ego pelón rindiéndose a la mediocridad de la ostentación. Los genios no son necesariamente sabios.

Acordamos vernos el sábado a las once de la mañana. Había amanecido incómoda dentro de mi propia piel; despierta desde muy temprano, daba vueltas por la habitación, sin saber exactamente cómo le iba a hablar. Lo que sí tenía claro era que no quería pedirle cuentas por haber leído mi correspondencia personal a desconocidos. Eso desembocaría en alguna astuta defensa suya, que seguramente justificaría muy bien, y no quería que me convenciera de nada. Creo que a esa hora ni siquiera me importaba que hubiera leído mis cartas en su popular programa de televisión. No tenía restos para seguir actuando en la obra paralela, cuyo pecado capital era no parecerse a mi auténtica vida. Bastante trabajo pasaba intentando aprenderme los diálogos para recrear a la rejoneadora española; no me creía ni a mí misma. Pero debía recomponerme y al menos seguir fielmente el instinto de conservación, que desde todos los rincones del cuerpo gritaba «¡Huye!».

Me estaba esperando de muy buen ánimo, con los brazos relajados sobre el timón; hacía varios días que no nos veíamos. «Uno la mira a usted y sabe por qué se creó este mundo». Las mujeres somos vulnerables a los halagos; éste había sido particularmente ingenioso y alcanzó a debilitarme apenas un poco. Sólo hasta el grado de no soltarle ahí mismo, como lo tenía pensado, la única frase que había ensayado con la intención de bajarme del carro inmediatamente. Parecía que hubieran pasado años y no unos pocos días, desde que habíamos vuelto de tierra caliente y me había visitado el ángel de mi pasado. No pude menos que comparar la planta de los dos hombres, ambos geniales a su manera. Confirmé mi teoría de las almas cuando recordé el abrazo transparente de ese ángel y la ofrenda casi fraternal de nuestro dolor, en esa única noche del adiós definitivo. Nunca dejaríamos de ser de la misma familia, aunque nuestras vidas jamás volvieran a encontrarse. El hombre que ahora conducía, en cambio, tenía un alma de textura más áspera, más acre, y no por eso menos sensible. Pero mientras estaba ahí, ocupando como tantas otras veces la silla del copiloto, pude poner en orden mis sensaciones. Observé con más detalle la maniobra que con un alto nivel de efectividad superponía su mente brillante sobre un tipo de desentono con el resto de nosotros, una clase extraña de agonía que sólo un intelecto de tan alta calidad lograría expiar a través de la risa para así mofarse del mundo con pleno derecho. Con todo, en esa alma yo no podía descansar, ni siquiera como amiga (¿qué es el *alma*? Estoy hasta la coronilla de usar esa palabra). A las dos cuadras, detenidos por el primer semáforo, proferí mi sentencia: «No quiero seguir andando con vos».

No habría podido predecir, creo que tampoco él mismo, la reacción completamente incompatible con una personalidad tan sólida como la suya. Creí que asomaría su salvador sentido del humor, su escudo más fuerte, sin el que no salía nunca a la calle. Jamás creí que ameritara de su parte ni siquiera un poco de pesar, dadas las incatalogables características de nuestros encuentros y el poco tiempo que habíamos compartido. Al parecer, él no había visto venir semejante dictamen, y, como si le hubiera dado un vértigo, buscó dónde estacionar el carro. Sus labios púrpura se habían vuelto una masa de carne blanca que, junto con el resto de la cara, parecían haber perdido toda afluencia de oxígeno y de sangre. Pasándose los dedos nerviosos por las comisuras, quiso apaciguar su quijada temblorosa, y entonces replicó sin saliva: «No puedo creerle, ¿está segura?». Se quitó las gafas y se masajeó vigorosamente los ojos perforados, como queriendo aclarar de alguna manera lo que no podía ver. Apoyó los codos en el timón y se agarró la cabeza de imponentes plumas negras con las dos manos, jalándolas hasta casi arrancarlas de raíz. Yo le repetí la frase, tal cual, a lo que él contestó: «Entonces sólo le pido una cosa. Vamos a mi casa. Quiero filmar sus palabras de despedida».

Ya casi alcanzábamos la cima de la loma donde, circunspecta, esperaba su casa blanca con la puerta azul. Fueron unos largos minutos discurriendo mentalmente sobre lo difícil que siempre me resultaba negarme a sus singulares órdenes. Estaba claro que yo había determinado la fatalidad de mi personaje, pero sería él quien se encargaría de especificar la forma en que se desarrollaría su fin. En mi pecho se peleaban a garrotazos el dolor, la rabia y una lacerante sensación de fracaso. Tenía la certeza de haber destrozado mi vida y que no había tenido la valentía de aceptarlo al distraer mi descalabro creando situaciones equívocas, sin posible final feliz, que no harían sino corroborar con más inclemencia mi frustración. Tal vez acepté el insólito pedido de grabar mis últimas palabras como forma de enmendar la irresponsabilidad de haberme prestado a tan extraño formato, haciéndolo caer en su propia trampa, pues ya empezaba a creer en lo puro de su tristeza.

«Siéntese aquí», me dijo y señaló un sofá de dos puestos forrado en paño de lana, ubicado en frente de las dos pantallas de televisión. Yo obedecí en silencio. Conectó cables y encendió los equipos con la desenvoltura de alguien que hace lo mismo todos los días. De pronto me sorprendió mi propia imagen demacrada, proyectada en las dos pantallas. Mi camarógrafo, cámara en mano, miraba por el ojo del lente; se encendió una pequeña luz roja al lado del visor; ya había empezado a grabar. «Dígame por qué no me quiere volver a ver». Traté de decir algo desde mi desamparo duplicado en pulgadas, pero mis palabras salían tan frías e impostadas como las de una presentadora de noticias. Me vi tocando el fondo de la ridiculez, sentada ahí, acorralada, balbuceando las respuestas de una entrevista inconcebible. Así como las cartas leídas a voz en cuello, este video también tendría su debida exposición pública, como prueba de algo, me imaginé. Hay hombres que necesitan probar que han estado con determinada mujer. Pero a pesar de esa enervante idea, algo me impedía juzgarlo e incluso concluir que esa era su motivación. Si estaba actuando, su personaje era creíble; casi era él mismo como nunca lo había visto. Estaba llorando.

Como cualquiera de los políticos a los que él imitaba con tanto arte, no respondí a la pregunta que me hizo. Recordé las palabras de mi maestro de actuación: «Hazlo para ti, solamente para ti», y me pregunté qué quería decirle realmente a este hombre. Cerré los ojos un rato y me puse la mano derecha al lado izquierdo del pecho, a ver si así el corazón, el único que todo lo sabe, se hacía oír en medio de tanto ruido. Entonces hablé, en un segundo intento por ser correcta. Le di las gracias por haberme alegrado tantas noches desiertas en Madrid, por los paseos, por el hechizado ritual de la pluma y la rosa, por la música y por haberme permitido ser una testigo tan cercana de su don clarividente. «Gracias, gracias por todo». También es cierto que quería que ese largo epílogo terminara, y ese gracias-por-todo era un brochazo gordo pero decoroso para evitar seguir cayendo con tanto estruendo en la cursilería.

Habría tenido que leerle todo lo que he escrito en estas páginas sobre su fuerte impacto en este momento de mi vida para que esas palabras de despedida sonaran realmente sinceras, y lo habrían sido más aún si no hubiera estado aquel ingrediente intruso, esa perversa cámara de video. La lucecita del aparato se apagó y el silencio, nuevamente ese silencio bíblico que como un guantazo universal calla de un solo golpe millones de años de bulla, se sentó, pesado, sobre los curiosos objetos que con tanta identidad decoraban la vivienda del hombre que ahora, desmoronado sobre las cerámicas del patio, se removía las gafas para secarse las lágrimas. «Acompáñeme a una laguna para soltar estos patos», me pidió, cuando yo ya creía haber levantado la tramoya que serviría de fondo para la última escena.

Como de costumbre, no interpuse ninguna excusa, estaba dispuesta a que él diseñara con toda libertad los pasos de la contradanza que, con una concluyente pirueta, clausurara por fin la función.

Había pasado el mediodía cuando me vi, una vez más, recorriendo en su campero verde oscuro y sin cubierta una carretera olorosa a pinos y a eucaliptos. Atrás, en la cajuela, los dos patos parduzcos, con los tarsos atados con una cabuya a una oreja metálica, se columpiaban cómicamente por las curvas caprichosas del camino. «Qué feliz inconsciencia en la que viven los animales», pensé.

El entendimiento no ha sido el mejor atributo del ser humano, aunque se la haya pasado todos los siglos de su triste historia alardeando de que su pensamiento lo hace superior a las demás especies. No hay nada que haya hecho del hombre un ser tan infeliz como ese fatídico momento en que surgió el primer raciocinio. Saber que se existe. ¡Qué prodigiosa tragedia! De todo lo que nos ha ocurrido a los seres vivientes, ¿qué puede ser más loco que tener razón? Qué terrible es saber que existimos sin conocer quiénes somos en realidad. No hay inteligencia suficiente para explicar esto ni para darle un sentido lógico a la vida, porque la vida pertenece a la esfera del milagro y de lo mágico, por ese carácter inasible que tanto nos obsesiona. La vida no le cabe en la cabeza a nadie porque su comprensión no pasa ni por el portentoso intelecto de este hombre, una marioneta más de esa extraña voluntad de vivir, que nos tiene en este remoto planeta a su merced, latiendo y vibrando. Se tratará entonces de otro tipo de comprensión, donde no se necesita, para nada, razonar.

Así me comía la cabeza mientras el día, todavía azul celeste, se repartía a través de los eucaliptos balsámicos. Mi compañero de viaje sostenía su gesto derrotado, y su máscara descolorida de payaso iba, poco a poco, perdiendo su antigua forma. Después de muchos kilómetros subiendo por la ruta serpentina llegamos a una meseta verde claro, una llanura solitaria rizada por un grupo pequeño y desordenado de cabañas campesinas. Un kilómetro más allá del caserío, explayada en el valle, posaba tranquila la pequeña laguna entre voluptuosos meandros. Nos detuvimos al lado de la carretera. Habría que bajar unos metros por una suave ladera para llegar a la orilla. Él desamarró las dos aves y, con ellas bajo el brazo, se dirigió a la playa acelerando el paso. Una vez ahí, casi tocando el agua, las dejó libres. Sin saber qué hacer con su sorpresiva libertad, dudaron de ella, mientras, con pasitos tímidos describían humildes círculos. Su carcelero, sentado sobre la tierra arenosa, las animó en el idioma mítico que ya conocían y que de alguna entrañable manera entendían. Ellas respondieron parpando y batiendo enérgicamente las alas, alborozadas por el contacto con el agua, su añorado y familiar elemento. Poco a poco fueron alejándose, guiadas hacia su destino por ese poderoso instinto de vida y de muerte que a todos nos impulsa misteriosamente hacia adelante, y remaron laguna adentro cada vez con más confianza.

Agradecí ese instante grandioso y tan lleno de símbolos que me ofrecía con inefable poesía mi compañero, el coprotagonista y genial creador de nuestro peculiar relato. La soledad, como una solemne cortina operática, vertió su temida sombra sobre todo lo que nuestros ojos veían. Sentados uno al lado del otro como dos puntos minúsculos bajo la pantalla oval del cielo ilimitado, asistíamos a la proyección de nuestro propio abandono, convertido en un espectáculo de honda magnificencia. Entonces volví a ver a la belleza como un hada compasiva que rescataba cada minuto que había compartido con mi cómplice, sin dejar nada por fuera de su red maravillosa. Las dos aves ya eran parte de la superficie granulosa del aire y del agua erizada por la brisa; se habían ido y, con ellas, toda huella de mezquindad. Dudé intensamente de mi teoría de las almas, desvirtuada por el armado de aquella escena sublime. Me di cuenta de cuán arbitraria es cualquier hipótesis que pretenda categorizar algo tan inabarcable como el alma humana. Tal vez el alma, esa cosa que no se puede nombrar de ninguna forma, ni siquiera exista, y sea un invento más del ser humano para paliar su temor a morir del todo.

Nos quedamos ahí, extasiados, mirando el gris oscuro del agua escamada como la piel de un gran pez antediluviano, hasta que el sol, escondiéndose tras las montañas azules, se rindió al dominio de la noche que venía lujosa, bordada de canutillos violeta. El viento, ligero como un niño, se llevó en una nube de polvo y de niebla el rastro de nuestro último viaje en su jeep descapotado a los extramuros, donde se mezclan con armonía inusitada las cosas bellas y feas, insulsas, inteligentes, miserables, asquerosas, y todos los pares de opuestos aparentes. «Ahora sí me pueden matar en paz», declaró con una venia casi imperceptible mientras caía el telón.

Sólo ahora, a solas con este cuaderno, entiendo por qué me escalofrió esa última frase que el hombre del teléfono pronunció frente a la puerta del hotel. Mientras estuvimos distraídos inventando nuestra obra, nunca volví a saber nada de sus misiones ni pensé en el peligro que lo amenazaba por su papel decisivo en el proceso de liberación de secuestrados, ni mucho menos en el posible peligro que yo corría al andar con él. Me había quedado parada en la entrada con una pluma blanca en la mano, sin poder explicar por qué tenía los pelos de punta cuando vi su jeep alejarse. Volví a mi habitación y me entregué al vacío que tanto había querido evitar, acompañada por el eco de aquellas terminantes palabras dichas sin asomo de ironía.

De ahí en adelante se siguieron arrastrando los días, embolatados entre las grabaciones, los entrenamientos de rejoneo y las clases de sevillanas. No lograba conectarme con mi personaje de la serie sobre el torero colombiano. Sin embargo, cumplía, aplicando al menos algo de la técnica que había ejercitado en las clases de actuación. El hombre del teléfono nunca volvió a comunicarse. Al menos no como lo hacen las personas de carne y hueso.

Una noche llegué agotada a mi habitación, después de una de esas jornadas interminables de trabajo en las que hay miles de contratiempos, fallas técnicas, escenas con muchas personas, extras y diálogos entrecortados, difíciles de sincronizar. No conseguía dormir por el cansancio y, entre vuelta y vuelta, mi subconsciente se quedó instalado en una instancia previa al sueño, ese limbo donde no se está ni despierto ni dormido. Mis músculos exánimes, no podían moverse, sin embargo mi mente era consciente de estar ahí en esa habitación y en esa posición. De repente, como si viniera de mi vientre, escuché algo parecido al rugido de un motor que me lanzó fuera de mi cuerpo, y sintiéndome una masa de energía empecé a dar botes, como flotando en el aire. Vi la habitación y mi cuerpo tendido desde esa perspectiva con mucha angustia. Como si la entidad en que estaba transformada la estuviera guiando otra voluntad mucho más fuerte, atravesé la ventana impulsada por una fuerza oculta y viajé todavía más lejos en una carrera vertiginosa a través de una especie de túnel oscuro, hasta llegar a un lugar de la ciudad, un cruce de calles, a una hora de la madrugada en la que no había mucho tráfico.

Como un ave gigante con las alas extendidas, siento que abarco estáticamente ese punto específico, y a pesar de que trato con todas mis fuerzas de agitarlas y emprender el vuelo de regreso, esa fuerza, esa voluntad más poderosa, me obliga a permanecer ahí, como si se me necesitara para atestiguar un evento importante. Desde esa posición cenital y con la claridad meridiana con la que miran los ojos de un águila, diviso la cruz de las calles encontradas y por una de ellas un vehículo viniendo que reconozco perfectamente: un jeep verde oscuro y sin capota. El carro se detiene ante la luz roja del semáforo. La mañana azul todavía duerme en el asfalto frío que pisan muy pocos vehículos a esa hora. Un poco más atrás, por la misma calle del semáforo en rojo, se acerca una motocicleta blanca de alto cilindraje con dos hombres en el lomo. En ese momento el corazón del ave, con los ojos fijos en este pedazo de ciudad, empieza a latir como si fuera a explotar dentro de su gran pecho. La motocicleta se ubica justo al lado izquierdo del jeep destechado, donde el conductor espera la luz verde. Mi punto de vista es ahora mucho más cercano, alterado por obra y gracia de la fuerza de otro mundo que controla mi vuelo.

Soy el águila encima de las cabezas de los tres actores. Los tipos de la moto llevan ambos el casco puesto, pero puedo oír y ver con total nitidez la mirada cobriza y agrietada del sujeto sentado en el puesto trasero que le pregunta el nombre al hombre del teléfono y luego le dispara seis veces en la cabeza. Las balas, sordas de odio, se estrellan contra la carne y los huesos, siniestras y sin eco, opacas y pobres como suenan todos los actos inútiles. Los ojos del águila registran ávidamente los vidrios rotos, que como lluvia de escarcha sobre el lustroso plumaje negro que adornara la cabeza del genio ahora se confunden en un lodazal de bilis y sangre.

Con el mismo rugido altisonante del motor que me propulsó fuera de mi cuerpo, aquella extraña fuerza me devolvió a él, despertándome de algo que no era precisamente un sueño, o si lo había sido, pertenecía a otra especie. Sentí como si me hubieran arrojado contra la cama y me despertó la agresividad del golpe, empapada en sudor y con el corazón disparado. El reloj marcaba las 5:45 a.m.

Sobresaltada por reflejo condicionado, empecé a rezar. Ya se me había olvidado lo que eso era. En mi oración, di las gracias por todo lo que había vivido y por cada cosa que me viniera a la mente, sin orden y sin jerarquías. De la misma forma pedí perdón a quienes había herido o despreciado, visualizándolos y abrazándolos sin hacer discriminaciones. Afectada brutalmente por las imágenes de mi reciente visión, traté de imaginar al hombre del teléfono, que ahora no podía traer al presente con facilidad. Era como tratar de agarrar a un fantasma, de manera que no lo obligué más a concretarse en una imagen y le hablé al espacio vacío. Diciendo su nombre en voz alta, le agradecí por su vida y pedí por ella con tanta fuerza como si en ello se fuera también la mía. Ordené que no me pasaran ninguna llamada ʼne quedé dormida profundamente hasta el mediodía. Creo que muchos meses no dormía tanto. Me desperté descansada y al voltear la cabeza vi que la luz titilante del aparato telefónico indicaba que tenía mensajes. Uno de ellos era de mi mamá, que me pedía que la llamara urgentemente: El hombre del teléfono había sido asesinado antes de las seis de la mañana.

Se me han puesto los dedos helados mientras escribo, a pesar de que frente a mi ventana la calle desierta es una plancha ardiendo por la impiedad del verano. Madrid está seca como una viuda y su saludo ha sido corto.

No puedo negar que regresar a la quietud de este pequeño espacio ha sido un alivio, después de oír por muchos días el grito desgarrador de toda una nación ante la pérdida de su hijo rebelde e idolatrado. Conseguí escapar de la carnicería que los medios de comunicación intentaron hacer de los restos de vida que él dejó por todos lados. Ahora quiero estar aquí y revivir, con el respeto que lo increíble se merece, el vuelo del águila con sus alas astrales, y yo misma creerlo y descreerlo cuantas veces quiera, y pasar por loca delante de mí sin que nada me importe. ¿Qué pudo ser por dios, aquel aviso de otro mundo, aquella visión adelantada en el tiempo? ¿Cómo pude divisar con la precisión de un radar extraterrestre lo que terminó ocurriendo en el plano tangible de esta existencia y, que yo supiera, a nadie más se le encomendó ver? ¿Quién si no él, con su mente omnívora, me instó a acompañarlo con tanta determinación en su último paseo? Durante alguna de nuestras conversaciones le había hablado de mi temor recurrente a disociarme de mi cuerpo. Recuerdo el gran interés que demostró porque me explicara lo más detalladamente posible, lo cual me resultó esa vez bastante difícil. Se trata de una sensación que me ꞏmpaña todo el tiempo, como si fuera una especie de sonido, como ꞏjo que marca los acentos y la base de la armonía en un conjunto ꞏ que siempre está ahí y de pronto, en cualquier momento, por lo general cuando estoy delante de muchas personas o en situaciones incómodas de las que quiero escapar, se vuelve agudo. Mi mente no reconoce el cuerpo que piensa, está constantemente incómoda, como si fuera parte de un mecanismo que no termina de encajar. La certeza de que esa arbitraria hermandad entre cuerpo y alma es un capricho del miedo a ser mortales me causa una soledad devoradora, del mismo calibre de la que sentía en el bus del Colegio V, o durante la entrevista de la paciente y el psiquiatra transmitida por televisión. En ese instante siento que no soy yo la que vive ni la que piensa, sino una forma sin consistencia, sin peso real, y mi cuerpo, un pedazo de carne o de tela, un girón o un cartílago colgando de un último hilo de sustancia. Es el miedo a desaparecer, a no ser, a confundirme en ese Todo que tanto fascina a los espiritualistas, o en esa Nada demoledora de los nihilistas, o en ese Dios, palabra estéril para darle un nombre a esa misma Nada de donde nace Todo.

El hombre del teléfono trivializaba con sabiduría esa severa indigestión existencialista y me desafiaba a permitir esa separación: «Un día de éstos, cuando le pase eso, no luche; deje que se le salga el alma a ver hasta dónde llega».

Tal vez hay una sola alma universal aparentemente dividida en millones de individuos que viven el sueño de estar separados los unos de los otros; y la muerte, también aparente, no sea más que un despertar para tener la oportunidad de comprobarlo una y otra vez, por los siglos de los siglos, en ese umbral donde todo se olvida para poder continuar por caminos más sutiles el camino de regreso a la unidad.

«¿Por qué tengo miedo de cantar?», le pregunto a la voz que guía mi sueño discontinuo empeñado en seguir narrándose a sí mismo. Entonces aparece la imagen de la caja de madera con su carga de hierro y de carne viva que toca las arenas negras del lecho marino.

La criatura deforme ha sido despreciada por su madre, la reina inmaculada, y entregada con vergüenza a los designios del mar como rechazo a una maldición que ha recaído sobre la única heredera del imperio. La mujer que apenas se esbozaba detrás de las mantillas transparentes de su recámara, sellada con paredes de oro, no responde al llamado que hago desde el sueño para reconocer su rostro de diosa, como si verla fuera todo lo que necesitara para perdonarla. Me obstruyen la garganta toneladas de agua. Debo pagar el precio de mi monstruosidad intolerable con mi ahogo, mi única alternativa para vengar el ultraje divino hacia la madre absoluta. No abandono mi deseo de verle la cara y mantengo este anhelo como una forma de letanía incesante, sin lograr ningún resultado. Mi esperanza desiste y me despierto.